Cambrai
1847

Bouly de Lesdain, Eugène - Bruyelle, Adolphe

es souterrains de Cambrai et du Cambrésis

SOUTERRAINS

DE CAMBRAI

ET DU CAMBRESIS.

Lith. J. Saudem Cambrai

Vue du Souterrain situé sous la Place au Bois N° 42.

LES

SOUTERRAINS

DE CAMBRAI

ET DU CAMBRESIS,

par

EUGÈNE BOULY, Avocat, Membre de la Commission Historique du département du Nord, et ADOLPHE BRUYELLE, Archiviste de la Société d'Emulation de Cambrai.

CAMBRAI,

Imprimerie de C. CARPENTIER, Grand'Place, 76.

1847.

LES

SOUTERRAINS

DE CAMBRAI

ET DU CAMBRESIS.

INTRODUCTION.

Nous avons entrepris d'étudier et de faire connaître les souterrains de Cambrai et du Cambresis. Ce n'est point là une œuvre puérile ou de simple curiosité. Si tout le monde n'en comprend pas la valeur, il existe encore, grace à Dieu, des cœurs dans lesquels l'amour de la patrie ne s'est point scindé, dans lesquels la religion des souvenirs n'est point séparée des affections du présent ; il existe des hommes qui ne datent point d'hier l'histoire de leur pays, et qui ne se croient pas obligés, pour être de leur siècle, de répudier les siècles qui se sont écoulés. Ces hommes applaudiront à nos études, et si nos modestes travaux laissent beaucoup à désirer, du moins nous sera-t-il tenu compte de nos efforts et de la pensée qui les a inspirés.

La ville de Cambrai et son ancien comté, grace à la louable émulation de plusieurs de nos frères, ont été explorés dans la plupart de leurs détails ; les archives publiques ont été fouillées avec succès, les monuments interrogés, l'histoire locale complétée jusqu'à un certain point. Tout ce qui existe sur ce vieux sol des libertés communales, a pris une voix ; chaque objet a fourni sa part de matériaux historiques. Ces ruines, ces vestiges ignorés qui ont parfois surgi tout-à-coup, ces restes précieux, ces témoins irrécusables qui, partis d'un autre âge, ont traversé les siècles pour venir nous parler de la première famille, tout cela a ajouté de nouvelles pages à nos antiques mémoriaux.

Eh bien! ce que nous avons cherché sous cette terre héroïque, c'est encore de l'histoire. Il n'en faudrait pas d'autre preuve que le respect religieux dont nous nous sommes sentis émus, en pénétrant sous ces voûtes où sommeille le mystère du passé; sous ces cryptes silencieuses où notre âme sentait errer encore les ombres de nos pères; dans ces longs souterrains de châteaux et d'églises, où l'armure du soldat fit jadis entendre ses cliquetis redoutables, où les populations des villages mettaient en sureté *leur meilleur*. Il nous semblait qu'en ces lieux, de tous oubliés, la mémoire des bourgeois, des soudards et des moines cambresiens nous revenait plus vive et plus colorée. C'est que là, plus rien ne ressemble à ce qu'on voit autre part; c'est que nous étions comme une anomalie dans ces vastes tombeaux qui renferment les souvenirs d'un vieux peuple, qui gardent, peut-être trop bien pour les jamais révéler en entier, des secrets de gloire et de désastres, des monuments de joie ou de douleur.

Mais pour parvenir à notre but, que de difficultés, que d'obstacles s'élevaient dès les premiers pas! Nous ne nous les sommes pas dissimulés, nous les avons bravés. Tous les jours, les œuvres de nos pères s'en vont au néant sans que rien ne puisse les arrêter dans leur course. Le temps, ce grand destructeur, la main des hommes qui vient en aide au temps, la pioche du maçon, le soc de la charrue, détruisent, comblent, font disparaître des parties plus ou moins importantes de nos lieux souterrains. Le progrès est rapide dans la destruction; mais ce progrès ne nous a fait que mieux sentir la nécessité de nous presser. Et à cet égard, une chose nous étonne : c'est que nous soyons les premiers qui aient pénétré dans ces profondeurs mystérieuses, avec le parti pris de les étudier sérieusement, avec un système d'examen arrêté à l'avance.

Si un pareil travail avait été entrepris il y a un peu plus d'un demi-siècle, alors que toutes choses étaient encore à peu près entières dans la ville et dans le pays, alors que les traditions étaient vivaces et déchiffrables dans le grand livre de la famille, ce travail d'exploration, disons-nous, aurait évidemment obtenu de plus grands résultats. Mais alors les études historiques étaient presque exclusivement confinées dans les cloîtres, et les moines ne voyageaient guère.

Force nous a donc été de prendre les choses où elles en sont. Nous aurons, néanmoins, à notre point de vue, accompli une œuvre utile, en tirant, du peu de vestiges qu'il nous reste, des documents d'archéologie et d'histoire qui tendent à s'effacer tous les jours, et en donnant une description complète et exacte de ce Cambresis souterrain qui s'étend, sous l'arrondissement moderne, avec sa ville vide, avec son réseau de voies tortueuses, avec ses caveaux ignorés, ses fontaines, ses cryptes et ses tombeaux.

But et Programme de nos Etudes.

Nos études ont pour but trois choses principales :

1° Considérer les souterrains de Cambrai et du Cambresis sous le rapport archéologique.

2° Eclaircir autant que possible les questions historiques qui s'y rattachent.

3° Constater les particularités géologiques qui seraient de nature à présenter quelque intérêt.

Pour atteindre plus facilement ce but, il était bon de mettre de l'ordre et de l'uniformité dans nos explorations. Nous avons donc arrêté le programme d'études suivant :

ARCHÉOLOGIE.

Examiner la nature et l'origine de chaque souterrain.

En faire la description.

Constater l'usage probable auquel il était destiné.

Voir s'il n'a pas été postérieurement approprié à un autre usage.

Signaler les inscriptions remarquables et les peintures qui pourraient s'y trouver.

Noter les particularités qui intéresseraient l'art ou la science.

Dans cet examen, constater surtout les dégradations qui pourraient compromettre la sécurité publique.

HISTOIRE.

Déterminer les faits historiques qui se rattacheraient aux souterrains du Cambresis.

Noter les circonstances qui pourraient éclairer sur les usages et les mœurs de nos pères.

GÉOLOGIE.

Signaler l'essence des milieux dans lesquels les souterrains sont pratiqués.

Constater les particularités géologiques qui s'y feraient remarquer, telles que sources, fontaines, stalactites etc.

—

Or, au premier coup-d'œil, un fait nous a frappés : c'est que, parmi les nombreux souterrains de la ville et de la contrée, les uns semblent contemporains de l'origine de la cité, et, se trouvant confondus avec elle dans les ténèbres du passé, ne permettent plus que des conjectures plus ou moins satisfaisantes : d'autres sont de date postérieure, ce qui résulte clairement de leur forme, de leur usage ou des mémoriaux qui en signalent les auteurs.

Cette remarque indiquait naturellement deux grandes catégories que l'on ne doit pas confondre. Nous les avons acceptées, et nous avons distingué les souterrains en *primordiaux* et en *secondaires*.

Dans les premiers, nous avons compris ces vastes excavations, ces longues voies taillées dans le roc, qui circulent sous le sol cambresien, et celles analogues qu'on retrouve dans certaines localités de l'antique Cambresis; magnifiques témoins des labeurs d'un autre âge, œuvres gigantesques à la vue desquelles on se sent pris d'une admiration rêveuse, et parfois d'une véritable terreur; car sous le pavé que nous foulons avec insouciance, les ruines s'amoncellent; et peut-être un jour, des abîmes venant à s'entr'ouvrir, détermineront-ils de grandes catastrophes.

A cette première classe se rattachent (parce qu'ils y sont trop intimement liés pour en être séparés), les travaux d'appropriation quelconque, faits postérieurement dans les souterrains primordiaux. Tels sont les escaliers, les cryptes où l'architecte a déployé les savantes combinaisons de son art.

Dans l'autre classe, nous avons rangé toutes

les substructions faites à des dates plus rapprochées de nous.

Voilà pourquoi notre travail, divisé en deux parties, traitera, dans la première, des souterrains primordiaux; et rencontrera, dans la seconde, toutes les constructions de date subséquente. Telles, par exemple, les voies pratiquées sous diverses pièces de fortification de la ville ou des châteaux-forts du pays : tels encore les conduits souterrains dont on rencontre dans les villages des fragments épars, des vestiges inconnus.

Puissent nos études mériter l'attention des hommes intelligents du pays; puissions-nous avoir contribué à éclairer les opinions sur une partie de notre histoire trop négligée jusqu'à présent, et demeurée si obscure par une indifférence qu'expliquent seules les difficultés, peut-être les dangers de l'entreprise.

SOUTERRAINS PRIMORDIAUX.

DE L'ORIGINE DE CAMBRAI, ET DE SES PREMIERS SOUTERRAINS.

On a long-temps discuté sur l'origine de la ville de Cambrai. Nous ne rapporterons pas ici toutes les suppositions plus ou moins spécieuses qui ont été faites à ce sujet. Nous nous bornerons à constater qu'après avoir beaucoup parlé, beaucoup écrit, les savants n'y ont pas vu plus clair; et qu'en définitive, nul n'a su déchirer le voile épais qui couvre ses premiers temps.

Nous n'en savons donc pas, aujourd'hui, plus que n'en savait le bon Balderic (1). Or il avouait ingénu-

(1) Balderic, chroniqueur du XIe siècle. Il a fait la chronique de Cambrai et d'Arras.

ment qu'il ignorait le nom du fondateur, et l'époque de la fondation de Cambrai. « Il est cependant certain, dit l'abbé Dupont, que cette ville subsistait déjà vers le second siècle de l'Eglise. L'itinéraire attribué à Antonin, monument du troisième ou du quatrième siècle, en fait mention expresse; mais on voit par la carte de Peutinger, ouvrage du quatrième siècle, qu'elle n'était alors qu'une ville de second ordre. »

Quoiqu'il en soit, il ne nous parait pas déraisonnable de supposer que, sur le flanc de la colline où Cambrai se voit aujourd'hui, quelques familles nerviennes (1) avaient construit leurs cabanes de bois, de terre et de chaume, longtemps peut-être avant que César n'eût établi ses légions dans le nord des Gaules. Alors ce groupe d'habitations, sans doute peu nombreuses, avait-il un nom? Les historiens l'ignorent. Ce que l'on sait, c'est que les vainqueurs du monde, à leur

(1) Les *Nerviens* (Nervii) peuple de la Gaule-Belgique, occupant particulièrement le pays appelé ensuite Hainaut, mais étendant leur empire sur plusieurs contrées voisines. On est généralement d'accord pour y comprendre le pays qui reçut depuis le nom de Cambresis.

arrivée dans nos contrées, dédaignant notre obscure bourgade, choisirent la ville de Bavai pour y établir un quartier-général. Cambrai, que César ne nomme pas dans ses *commentaires*, devint, à cette époque, une *mansion* destinée au logement des troupes de passage. Une voie romaine passait par cette mansion ; nous n'oserions pas dire qu'alors plusieurs de ces chemins, nommés depuis *chaussées Brunehaut*, y aboutissaient déjà. Nous serions plutôt tentés de croire que ces grandes lignes de communication ne furent dirigées sur la bourgade nervienne, que lorsque les proconsuls romains y eurent établi, après la ruine de Bavai, le siége d'un gouvernement militaire. C'est alors, sans doute aussi, que la ville agrandie, embellie, fortifiée, reçut un nom de ceux qui l'avaient élevée au rang des cités romaines ; et ce nom fut *Cameracum*.

Or, le nom de *Cameracum* donné à une cité sous laquelle, et aux environs de laquelle existent, de temps immémorial, des carrières immenses, des voûtes souterraines ; le nom de *Cameracum*, disons-nous, ne laisse point de doute sur son étymologie, puisque *camera* signifie voûte. Et d'ailleurs, s'il pouvait y avoir la moindre hésitation à cet égard, elle disparaîtrait devant le mot Cambrai, si l'on considère que le mot celtique ou roman *Cambry* signifie également voûte, chambre (1). Aussi, Carpentier, dans son commentaire sur le nom de Cambrai, rapporte-t-il, entre autres opinions, celle qui lui donnerait pour origine « la multitude de *chambres et places souster-* » *raines* creusées et entaillées dans les entrailles de » son enclos et de tout son territoire, où les premiers » habitants mettaient en seureté leur meilleur. »

Il est donc évident que, dès l'époque de la domina-

(1) Nous ne nous arrêterons pas à réfuter la fable qui donnerait pour auteur à Cambrai, le fils d'un général des Huns nommé Camber ou Cambro. Les Latins n'auraient pas traduit Cambro par Cameracum, ils lui auraient laissé son nom. Nous avons au contraire une foule d'exemples de noms puisés dans la nature même des localités : et, pour ne parler que de nos contrées, les noms de Quesnoy, Cauroy, Epinoy, Tilloy, Fresnoy, en latin, Quercetum, Coryletum, Spinetum, Tiliacetum, Fraxinetum, ne rappellent-ils pas des lieux plantés de chênes, de coudriers, d'épines, de tilleuls, de frênes ? Nous citons ces noms qui tombent sous notre plume : il y en a beaucoup d'autres tout aussi concluants.

tion romaine, ou mieux, dès le temps où Cambrai reçut le nom qu'elle porte encore aujourd'hui, des souterrains remarquables existaient en cet endroit, et furent jugés assez importants pour en devenir le caractère distinctif.

Mais ces carrières étaient-elles anciennes? nous ne le pensons pas : nous croyons, au contraire, qu'elles sont l'œuvre des Romains, et qu'elles étaient alors en pleine voie d'exploitation.

Ce n'est pas que nous veuillons nier absolument l'existence de souterrains antérieurs à la venue des Romains : il est possible que nos premiers pères se soient ménagé quelques-uns de ces refuges évidemment destinés à loger des fugitifs et que l'on rencontre encore dans plusieurs villages du département (1); mais ces souterrains, s'ils ont existé, auraient été enveloppés

---

(1) Les avis sont partagés sur la question de savoir si les souterrains auxquels nous faisons allusion, remontent au-delà du 9e siècle, époque de l'invasion normande; ou si c'est à la date de cet événement qu'il faut fixer leur origine.

dans l'exploitation des carrières par les Romains, et nulle trace n'en resterait aujourd'hui.

Nous allons développer, en quelques lignes, notre opinion relativement à l'origine des carrières cambresiennes; et si nous prouvons, d'un côté, que ces carrières primordiales ne sont pas antérieures au séjour des Romains dans la Gaule-Belgique; si nous prouvons, d'autre part, qu'elles existaient avant leur retraite de ce pays, il faudra bien qu'on en conclue, avec nous, qu'elles sont l'œuvre des Romains dont les travaux suffiraient presque, d'ailleurs, à justifier ce que nous avançons.

1° LES CARRIÈRES NE SONT PAS ANTÉRIEURES AU SÉJOUR DES ROMAINS.

Un fait incontestable qui résulte de la simple inspection des lieux, c'est que les souterrains qui existent sous la ville de Cambrai ne sont point des grottes naturelles; c'est qu'ils sont faits de mains d'hommes, non pas dans l'intention de s'y cacher, mais dans un but premier d'extraction. Les puits énormes, le système d'exploitation qu'on y remarque et dont nous parlerons plus tard, ne laissent point de doute à cet égard. Voyons alors pourquoi les habitants primitifs et indigènes n'en seraient point les auteurs. D'abord, ces souterrains primordiaux sont une œuvre gigantesque, et ont pu suffire à la construction de nombreux et vastes monuments, ou de tours et de murailles considérables. Qu'aurait donc fait de tant de matériaux, une simple et pauvre peuplade de Nerviens? Si elle en eût usé, c'eût été pour donner à la ville une importance qu'on ne lui connaît pas dans les temps anciens, puisque César, comme nous l'avons dit, n'en fait pas même mention (1). L'histoire locale donne clairement à entendre qu'avant les Romains, la bourgade qu'ils appelèrent dans la suite Cambrai, n'était point fortifiée. A quoi donc auraient servi ces pierres?

A la construction des maisons? Mais on sait que les

(1) Balderic dans sa *Chronique de Cambrai et d'Arras*, liv. Ier chap. 3, dit bien que le nom de Cambrai se trouve dans le livre que Jules César fit composer sur la cosmographie. Mais Balderic fait ici allusion à l'itinéraire attribué depuis à Antonin.

habitations des Gaulois étaient faites de bois, d'argile, de chaume et de plantes desséchées.

A la construction des temples? Mais les génies de Taran, d'Hésus et de Teutatès ne se plaisaient qu'au sein des sombres forets, à l'ombre des vieux chênes. C'était là que leurs prêtres, sur un grossier autel de pierre, accomplissaient leurs sanglants sacrifices.

Il ne peut être ici question d'églises chrétiennes, car le Christ n'était point encore venu; et plus tard même, le christianisme dut être, pendant long-temps, dans nos contrées, à l'état de persécution de la part des prêtres gaulois qui, dit-on, au temps de saint Vaast, avaient encore un bois et des idoles sur le lieu culminant où existe maintenant la citadelle (1).

Quand on considère les plus belles carrières de

(1) Quant à l'opinion de quelques personnes qui supposent que des pierres ont été extraites à Cambrai pour être transportées et mises en œuvre dans les villes voisines, nous ne pensons pas qu'il faille s'y arrêter : une pareille conjecture ne supporte pas l'examen.

Cambrai, celles qui existent sous la Grand'Place, on remarque qu'elles sont taillées avec une perfection singulière. Les travaux des Gaulois sont généralement très grossiers, ils ne présentent guères de formes régulières : Nos carrières, au contraire, contiennent des puits d'extraction très remarquables. Ils sont taillés géométriquement, les parois en sont dressées avec un soin tout particulier. La proximité de ces énormes puits, relative des uns aux autres, démontre qu'ils ont tous été commencés et exploités à la fois, d'où il résulte qu'un très grand nombre d'hommes devaient y être employés, car sans cela, il eût été plus simple que les ouvriers apportassent, dans l'intérieur, les matériaux au même puits. Tout cela annonce un art plus avancé que celui des Gaulois, et un peuple qui ne marchande pas ses travaux, à qui les bras ne coûtent rien.

Donc il n'est pas probable que les premiers habitants indigènes soient les auteurs de nos carrières.

2° LES CARRIÈRES EXISTAIENT AVANT LA RETRAITE DES ROMAINS.

Nous n'hésitons pas à croire que les Cambresiens

aient été dans la suite très capables d'exécuter des travaux semblables à ceux dont nous venons de parler. Il ne nous répugne pas même d'admettre qu'ils ont quelquefois rouvert ces carrières pour y puiser encore. Mais il y a un fait que nous avons déjà mentionné, un fait que nul ne peut contester, qui répond à toutes les objections et qui fait forcément remonter l'existence des grandes carrières jusqu'à la domination romaine : c'est le nom de Cambrai *Cameracum* (ville voûtée). La première fois que Cambrai est nommée dans l'histoire, elle l'est en latin et par les Latins. Ce nom est connu dès le second siècle de l'Eglise, c'est-à-dire lorsque les Romains dominaient encore dans le pays.

Et d'ailleurs, nous voyons ces vainqueurs du monde élever autour de la ville un cordon de fortifications, dresser un château ou capitole, faire de prodigieux travaux de construction (« et même, selon Carpen- » tier, exécuter des aqueducs et de merveilleux lieux » souterrains conduits presque partout le pays. ») Pour ces grandes œuvres, il a fallu des pierres; elles étaient à Cambrai même; ils n'ont pas été les chercher ailleurs, car si la pierre cambresienne n'était pas assez solide pour certains travaux, elle pouvait, du moins, servir aux murs de défense et à la maçonnerie noyée dans le mortier.

Rappelons encore ce que nous venons de dire, que le grand nombre et la proximité des puits d'extraction prouve qu'une multitude d'hommes travaillait à la fois aux carrières. Il semble qu'un peuple seul qui avait pour ouvriers non-seulement des légions de soldats, mais encore les peuples vaincus, ait pu accomplir ces gigantesques entreprises.

Nous concluons, des motifs qui viennent d'être déduits, que, selon toute probabilité, les Romains sont les auteurs de la plupart des vastes carrières qui existent sous la ville de Cambrai, ou que, du moins. elles ont été ouvertes sous leur domination. Nous ajoutons cependant qu'il est possible et même probable qu'après les Romains, elles aient continué à être exploitées soit par les Cambresiens eux-mêmes, soit par les princes vainqueurs qui usurpèrent plus d'une fois le gouvernement de la ville.

Nous avions d'abord à examiner l'origine de nos souterrains primordiaux : nous verrons plus loin si dans la suite, ils ne furent pas consacrés à d'autres usages que celui de carrières.

CARACTÈRES GÉNÉRAUX DES CARRIÈRES DE CAMBRAI.

Avant de parler de chaque carrière en particulier, jetons un coup-d'œil général sur leur ensemble et sur les caractères qui sont communs aux unes et aux autres.

— *Topographie.*

Les carrières s'étendent sous une grande partie de la ville ; mais elles sont plus vastes, plus rapprochées les unes des autres, dans son centre qu'aux extrémités.

Tout ce qu'on a de documents sur la cité primitive donne à croire que les groupes d'habitations qui environnent la place au Bois et le Grand-Marché formaient originairement le noyau de l'antique Cambrai. C'est dans la même circonscription que l'on trouve les plus grandes carrières. Il n'y en a nulle part d'aussi vastes que sous la Grand'Place.

On peut tirer de cette observation de nouvelles preuves et de nouvelles conjectures sur l'emplacement des premières habitations de notre cité. Nous en dirons plus tard quelques mots.

Du reste cette œuvre immense d'extraction paraît avoir compris tout le versant de la colline sur laquelle la ville est construite. Plus bas, c'est l'Escaut et les terrains marécageux que les faubourgs enclavés depuis dans nos murailles, ont envahis successivement à des époques plus rapprochées de nous. Là, plus de carrières puisque c'était le domaine des eaux.

Une autre remarque résulte encore des études que nous avons faites : c'est qu'en général les carrières sont situées sous la voie publique, c'est-à-dire sous les places et sous les rues : ajoutons aussi sous les jardins. Il y a peu d'exceptions à cette règle, et l'on ne pourrait citer que quelques maisons construites au-dessus de ces profondes excavations. Plus favorisés par les lieux, plus prudents peut-être que les Parisiens, nos pères ont du moins assis leurs demeures sur un sol ferme, tandis qu'une grande partie de la ville de Paris est suspendue au-dessus de ses antiques catacombes ; abîmes menaçants dont on n'a conjuré les dangers que par des travaux prodigieux auxquels on ne cesse d'ajouter d'autres travaux.

Le péril est donc moins grand pour les habitants de Cambrai, mais il a encore son degré de gravité, car si les constructions ne reposent pas exactement sur les carrières, elles en sont du moins très voisines. Elles ne peuvent donc par leur poids déterminer aucun éboulement ; mais si un violent ébranlement causé, par exemple, par l'explosion d'un dépôt de poudres (1), venait à se manifester, il serait possible qu'une partie de la ville s'écroulât par suite du mouvement terrible qui s'opérerait à l'intérieur du sol.

— *Escaliers.*

Lorsqu'on veut pénétrer dans les carrières de Cam-

---

(1) On sait qu'un magasin à poudre existe à Cambrai dans le voisinage de l'ancien couvent de Prémy. Les dangers ne sont donc pas imaginaires, car ce magasin est, par rapport à la ville, dans la situation la plus défavorable qu'on ait pu lui donner.

brai, l'on a d'abord à traverser les caves particulières de certaines maisons de la ville. De ces caves où l'on arrive par des escaliers souvent étroits et grossièrement maçonnés en briques, l'on passe dans des sous-caves, appelées *boves* dans le pays, et dont les escaliers sont parfois plus étroits et plus grossiers encore. Mais là, le spectacle change; et l'on se trouve en face de magnifiques et faciles escaliers en pierre blanche, larges de 120 à 130 centimètres, voûtés pour la plupart à redents, presque toujours en plein cintre, quelquefois de forme ogivale. Les marches sont également en pierre blanche, il y a néanmoins quelques exceptions où la pierre est remplacée par le grès. Il n'est pas rare de rencontrer à droite ou à gauche de ces escaliers, à la moitié de leur longueur, des espèces de chambrettes qui semblent ménagées pour servir de lieu de repos ou pour faciliter les circulations en sens contraire.

Au bas des escaliers on est à une profondeur de 17 à 20 mètres au-dessous du sol; et l'on a descendu soixante à soixante-douze marches, y compris celles des caves et boves qui sont à peu près pour un tiers dans le nombre total.

L'exactitude que nous voulons apporter dans ces études, nous force à faire remarquer que nous ne parlons ici que de généralités et que, par conséquent, nos mesures et nos chiffres ne sont que des moyennes.

— *Galeries.*

Presque partout les escaliers sont directs et conduisent à une galerie transversale. Quelquefois ils aboutissent à une salle quadrilatère voûtée en plein cintre ; plus rarement ils descendent immédiatement dans le puits d'extraction; mais, pour la plupart des carrières, on arrive, comme nous l'avons dit, dans une galerie transversale qui souvent, par un mouvement singulier de repli sur elle-même, vient rejoindre ses deux extrémités sous l'escalier.

Dans cette galerie aboutissent les autres voies d'extraction qui, sur une largeur variable de 1 mètre 60 centimètres à 3 ou 4 mètres, se prolonge ordinairement et se ramifie dans des proportions plus ou moins étendues. Un coup-d'œil jeté sur les plans que nous joignons à ces *études*, donnera mieux que toutes les descriptions, une idée de la forme de ces excavations. Quant à la hauteur, elle varie de 2 à 3 et même 4 mètres.

Parfois le ciel de la carrière est soutenu par des arceaux en plein cintre ou ogivaux, suivant l'époque de leur construction; d'autrefois il conserve les aspérités des assises verticales qui se rencontrent par hasard; mais généralement le ciel est plat et uni. Il est formé d'énormes bancs de pierre horizontaux appuyés sur des piles ménagées dans la fouille. Cette espèce de plafond prend souvent une dimension effrayante, car l'on a peine à concevoir comment des pierres aussi énormes restent ainsi suspendues par une simple puissance d'adhésion. Aussi n'est-il pas rare que des éboulements s'opèrent dans ces hardies catacombes. Le banc qui forme le ciel s'isole peu à peu du banc supérieur, l'eau s'infiltre bientôt dans ces dangereuses fissures et y produit à la longue un travail délétère. Enfin, la pierre attendrie cède à son propre poids et entraîne ordinairement, dans sa chute, des portions voisines qui, par ce désordre même, préparent d'autres chutes. Nous signalerons plus loin des endroits où ces éboulements ont fait de grands progrès.

Nous avons dit que les galeries variaient de largeur et de dimension. On rencontre, en les parcourant, des endroits où la pierre, sans doute meilleure, a été plus abondamment exploitée, alors la galerie s'élargit considérablement, et là, comme ailleurs, le ciel plat se soutient sans redents, présentant une surface considérable, et accusant la témérité des carriers ou des ingénieurs d'un autre âge.

— *Puits.*

Néanmoins, les galeries n'ont rien de bien remarquable comme travaux d'art; mais il n'en est pas ainsi des puits d'extraction. La forme régulière et la grandeur de certains de ces puits méritent d'être signalées. Ils sont de forme cônique; cependant leur coupe présente de légères paraboles, ce qui leur donne exactement la figure des anciens silos romains. Leur plan géométral est circulairement tracé. Quelques-uns ont à leur base près de 10 mètres de diamètres, plus de 80 pieds de circonférence; et au sommet une ouverture de 2 ou 3 mètres. Ils ont de 17 à 20 mètres de profondeur. Cette mesure d'ailleurs est difficile à apprécier à cause des remblais dont nous parlerons tout-à-l'heure. Sans être taillés au ciseau, les grands puits présentent des parois presque unies. Plusieurs sont très rapprochés les uns des autres. La plupart de ceux qui existent sous la Grand'Place, communiquent entre eux par des galeries larges et élevées.

C'est à ces vastes excavations qu'aboutissent les galeries d'extraction. Cependant nous nous sommes demandé si l'extraction ne se serait pas faite également par des petits puits ayant environ 150 centimètres de diamètre, et que l'on rencontre souvent même dans le voisinage des grands puits. Ordinairement ces petits puits sont simplement taillés dans le roc ; mais quelquefois ils sont maçonnés et soigneusement revêtus de pierre blanche. Nous en avons remarqué qui sont d'un travail parfait. Nous venons de mettre en doute s'ils avaient servi de puits d'extraction, parce que quelquefois ils semblent plutôt destinés à faire office de soupiraux et de ventilateurs, peut-être à servir de descente aux ouvriers. Mais il arrive aussi bien souvent qu'on ne voit pas de grands puits dans les carrières où ils correspondent, d'où il faudrait conclure que les matériaux ont été extraits par ces étroits orifices, à moins qu'on ne suppose (ce qui n'est pas invraisemblable) que les carrières dans lesquelles on rencontre toujours des issues bouchées, correspondaient avec quelques autres galeries aboutissant à de grands puits d'extraction. C'est ce dernier système que nous avons cru devoir adopter, après avoir soigneusement étudié les localités.

Nous sommes loin d'avoir exploré tous les souterrains qui existent à Cambrai; nous croyons seulement avoir vu presque tout ce qu'il est rigoureusement possible de voir. Nous n'avons reculé ni devant la fatigue, ni devant le danger. Souvent, nous avons déblayé des passages comblés; nous avons percé des murailles plusieurs fois séculaires; nous avons traversé des courants d'eau; quelques-uns d'entre nous s'y sont littéralement mis à la nage; nous avons glissé, rampé dans les défilés croulants, au risque d'y être écrasés par quelque soudain éboulement; en un mot, nous n'avons omis dans nos recherches que les endroits ignorés ou ceux matériellement inabordables. Mais ces carrières ignorées peut-être pour toujours, sont sans doute nombreuses : la topographie de la cité et les mémoriaux nous le font supposer. Il n'est donc pas impossible que les carrières dans lesquelles l'on ne trouve pas de puits, ou dans lesquelles sont seulement de petits puits, aient eu originairement des communications avec de grands puits qui sont aujourd'hui ensevelis sous la ville et dans l'oubli.

Une dernière considération viendra corroborer encore cette opinion. C'est que les grands puits ne sont pas répandus sur toute l'étendue des carrières. Dans celles qu'il nous a été possible d'étudier le mieux, les puits de grande dimension sont rapprochés les uns des autres. Ainsi, sur la Grand'Place, ils occupent un espace de peu d'étendue; comme si l'on avait voulu restreindre l'exploitatien extérieure dans une sorte de foyer.

Autre part, le même caractère se présente. Rarement ces puits sont seuls, et cette manière de les grouper fait bien comprendre qu'ils étaient destinés au service de nombreuses et longues galeries. Quelquefois, non loin d'un grand puits, il s'en trouve de petits, ce qui donne aussi à penser que l'usage de l'un n'était pas celui des autres.

— *Remblais et Murailles.*

Ajoutons, pour en finir avec les puits que, grands comme petits, ils sont souvent encombrés de remblais qu'on y a précipités par l'orifice extérieur. Ces remblais sont en général des terres végétales, ou des débris de pierres de même essence que celle des carrières. Les remblais s'élèvent en quelques endroits à une très grande hauteur, et rendent incertain le calcul de la profondeur et par conséquent de la base des puits.

Souvent aussi les galeries sont encombrées et la circulation y est très difficile. Cela n'étonne pas quand on songe que, depuis des siècles, les habitants des maisons ayant accès dans ces carrières, s'en servent comme de lieux perdus pour y précipiter les décombres de leurs bâtisses ou de leurs démolitions.

Un autre obstacle à la circulation, et en même temps à l'exploration parfaite de ces grands souterrains, c'est l'interception fréquente des passages. A chaque instant, l'on y rencontre des murailles qui interdisent l'accès dans des parties entièrement ignorées. Une foule de causes ont fait élever ces murailles. Tantôt on a eu pour but d'empêcher l'apparition inattendue de visiteurs égarés qui venaient d'autres caves; tantôt de soustraire une provision de vin à l'avidité de quelques voisins peu scrupuleux. D'autres fois, on a cherché à éviter l'humidité, ou les violents courants d'air. D'autrefois encore c'est la peur et la superstition qui, croyant ces catacombes hantées par des esprits, des fantômes dangereux, ont imaginé de les enfermer dans leurs mystérieux réduits en en bouchant l'orifice. Autre part, c'est une mesure de prudence qui interdit l'entrée dans des parties peu solides qui s'éboulent incessamment.

Nous avons renversé un grand nombre de ces obstacles, mais aussi nous avons dû céder devant un grand nombre.

Ce qui suffirait pour prouver qu'il y a dans Cambrai bien des souterrains ignorés, c'est que parfois, en creusant des puits, on tombe dans des carrières de ce genre; c'est que nous connaissons plusieurs de ces carrières qui n'ont d'orifices connus qu'au fond de certains puits où l'on ne les aperçoit pas toujours; c'est qu'il n'y a pas plus de deux ans, qu'un cheval laissé en liberté sur le pré d'un jardin, a senti tout-à-coup le sol s'ébouler sous ses pas, et a été précipité dans une espèce d'abîme qui venait de s'ouvrir, sans doute dans un puits d'extraction (1). Or, n'est-il pas plus que probable que, dans l'avenir comme par le passé, des puits nouvellement forés découvriront encore d'autres carrières? n'est-il pas permis de croire que les puisatiers de Cambrai n'ont pas visité tous les puits donnant accès à de mystérieuses catacombes? peut-on affirmer que le souterrain qui s'est entr'ouvert sous les pieds du cheval dont il vient d'être parlé, soit le seul que l'on eût ignoré jusque-là?

— *Sources et Fontaines.*

Les carrières cambresiennes contiennent dans leur sein un grand nombre de sources d'une eau limpide et abondante. Nous les indiquerons dans les descriptions particulières de chaque carrière. Ces fontaines qu'on semble presque partout avoir abandonnées aujourd'hui, ont été mieux employées autrefois. On en peut juger par les travaux de maçonnerie qui ont été faits pour en rendre l'abord plus facile. Outre les fontaines et certains cours d'eau dont il sera parlé

(1) Ce puits se trouve dans la maison du n° 24, rue de Saint-Jean.

autre part, on rencontre des puits, dont quelques-uns percés à d'assez grandes profondeurs. Quelquefois le puits est, ou a été à l'usage de l'extérieur; d'autrefois il a été pratiqué pour la carrière elle-même. De cette circonstance que nous notons soigneusement, et de bien d'autres circonstances encore, nous tirerons plus tard la preuve que les carrières ont été habitées; c'est-à-dire qu'elles ont, dans des moments de danger, servi de refuge aux habitants de Cambrai et peut-être des environs.

— *Signes et Inscriptions.*

Peu d'inscriptions se trouvent dans les carrières. Elles sont plus nombreuses dans certains souterrains postérieurs en date et destinés à d'autres usages dont nous parlerons.

Les plus anciennes inscriptions portent la date du XVIe et du XVIIe siècle.

Dans l'une on voit gravées, sur une portion plane de la paroi, deux épées croisées, entre deux autres épées opposant leurs pointes horizontalement. Sous ces emblèmes tragiques, on lit ces mots, en caractères du XVIIe siècle :

Homo.Homini.Nocet.
Jacobus-Bourdon.
Excudit.

Puis la date de 1646 partagée par un cœur au milieu duquel est une croix.

En un autre endroit de la même carrière, on lit cette inscription :

Jacobus
Bourdon
Natus annos
Viginti quatuor
Hanc
Cavam
Fecit
1646.

Cette inscription, qui porte bien le caractère de sa date, est une preuve que l'on a eu, depuis leur origine, recours aux carrières de Cambrai; car, comme pour montrer que la date de 1646 ne se rapporte qu'à des travaux postérieurs, et n'est pas celle de l'ouverture de la carrière, une autre inscription se montre dans une galerie latérale à celle du XVIIe siècle; elle est ainsi conçue :

FRANÇOIS FRION
1541.

et accompagnée d'un signe bizarre que l'on rencontre assez fréquemment dans nos carrières et qui n'est autre chose sans doute, que l'œuvre fantasque des visiteurs. Ce signe qui varie de grandeur et de complication, est une espèce de croix ou potence, à laquelle se trouve un pied triangulaire. Parallèlement à la tige de la croix s'élève un trait échelonné de petites lignes transversales, ce qui lui donne à peu près l'apparence d'une écoperche. Presque toujours la date de l'année est coupée par ce signe, de telle sorte qu'il s'en trouve deux chiffres avant et deux chiffres après.

On rencontre encore des dates de 1556, 1561, 1665 et d'autres postérieures.

Nous avons aussi remarqué une ancre auprès de

laquelle est écrit un nom en caractères très beaux du XVIIe siècle : *Jaquet....*, le reste illisible. Sur un autre endroit de la même carrière, on a écrit *Nicolas Done* 1663.

Nous ne dirons rien de plus de ces signes et inscriptions dont plusieurs attestent des mains très adroites et très exercées, parce qu'en définitive ils ne sont d'aucune importance historique. Ce sont des noms inconnus, des pensées quelquefois ingénieuses, mais sans aucune révélation utile. Des dates seules on peut tirer cette singulière remarque : que nulle trace graphique ne remonte au-delà du XVIe siècle.

— *Remarques Géologiques.*

Indépendamment des puits et des fontaines qu'on rencontre dans nos carrières, il y existe, en grand nombre d'endroits, des suintements plus ou moins abondants d'une eau chargée de molécules calcaires. Il en résulte çà et là de légères couches de concrétion pierreuse qui ressemblent à des rudiments de stalactites.

Les suintements considérablement augmentés par les pluies d'hiver inondent momentanément les carrières des quartiers peu élevés et les rendent alors inaccessibles.

Dans quelques souterrains, les parois latérales sont chargées de ces bizarres et gracieuses vermicultures, ornements naturels qui ont donné aux architectes l'idée de les imiter et d'animer ainsi les surfaces trop nues dans certains monuments.

LES CARRIÈRES, DEPUIS LEUR ORIGINE.

Nous avons suffisamment discuté l'origine des carrières cambresiennes; nous avons jeté un coup-d'œil général et descriptif sur tout leur ensemble; examinons maintenant s'il n'est pas probable qu'à des époques moins éloignées de nous, on en a extrait de nouveau de la pierre, et s'il n'est pas plus probable encore qu'elles ont servi de refuge aux habitants dans les périls de guerre et autres.

Pour nous, nous croyons devoir répondre affirmativement à ces questions; et si nos motifs ne sont point péremptoires, ils nous paraissent du moins avoir assez de valeur pour être déduits ici.

Lorsqu'on jette un coup-d'œil sur l'histoire de notre ville après les Romains, on la voit franchir les limites que le peuple-roi lui avait assignées, et s'agrandir en s'étendant le long de la colline dont originairement elle occupait la région moyenne. Mais ces agrandissements ne peuvent se faire qu'au prix des murailles de défense, lesquelles ne sont point alors reportées plus loin; car nos pères n'étaient point assez riches pour élever des fortifications à la manière des Romains : ils se contentent de planter des *palis* (palissades) de bois dont ils environnent les parties nouvelles de la cité. Les mémoriaux nous parlent de ces *palis*, et s'il existe alors quelques pans de murailles dans la clôture de Cambrai, c'est sans doute ce qui reste des premières fortifications romaines.

Quant aux débris des murailles, n'est-il pas permis de penser que demeurés, en partie, sur place, mais étendus de façon à ne point gêner la circulation, ils ont formé ces remblais que l'on rencontre dans certaines parties de la ville, et auxquels on ne peut guère assigner d'autre cause. Cette manière d'expliquer l'existence des remblais, laquelle concorde assez bien avec l'enceinte présumée de la cité primitive, nous parait plus satisfaisante que l'opinion de quelques-uns qui pensent que les remblais sont sortis directement de nos carrières ouvertes dans le seul but de mettre au-dessus du sol ce qui était dessous. Nous ne saurions, en aucune façon, adopter cet avis : d'abord parce que nous ne nous expliquons pas l'utilité des remblais qui ne sont à nos yeux que des superfluités causées par des démolitions; ensuite parce qu'il n'y a pas de proportion entre le peu de remblais existants et le vide considérable pratiqué dans nos carrières. Très probablement, ceux qui, les premiers, ont émis l'avis que nous combattons, n'avaient point mesuré l'immensité des catacombes cambresiennes.

Il ne faut point cependant nier trop absolument la part que nos carrières auraient fournie directement aux remblais de la ville. Ainsi la Grand'Place qui ne suit pas la pente des rues qui y aboutissent, a été sans doute exhaussée dans une partie de son périmètre. Mais là aussi se sera borné l'exhaussement, s'il a eu lieu; car si l'on nous objectait, par exemple, les jardins élevés de l'ancien archevêché dont une partie appartient aujourd'hui au couvent des Bernardines, nous répondrions que les remblais de ces jardins sont des terres végétales jusqu'au niveau du sol primitif, ce que nous avons constaté par nous même.

Un dernier mot sur ce sujet : Si l'on admet que les premières murailles de défense ont pu former de leurs débris une partie des remblais qu'on rencontre dans la ville; il ne doit pas être plus difficile d'admettre que les ruines des monuments romains en ont formé aussi dans d'autres endroits. Ce capitole, cet amphithéâtre dont Carpentier parle d'après d'anciens historiens, et dont l'existence ne peut pas être niée plus qu'elle n'est prouvée, ont nécessairement laissé des ruines et des décombres. Autre matière à remblais.

Qu'il nous soit permis d'exprimer ici un regret à ce propos, c'est que nulle démarche, nulle fouille n'aient jamais été entreprises pour vérifier l'existence passée de ces grands monuments. On voit des villes, plus petites que la nôtre, rechercher avidement les souvenirs et les restes de leur antiquité; et Cambrai, si riche, si remarquable dans son passé artistique, semble peu se soucier de se connaître elle-même. Mais nous savons qu'il suffit quelquefois de faire appel à son patriotisme pour trouver qui réponde. Espérons donc qu'un jour les études archéologiques rencontreront parmi nous des adeptes plus nombreux. Du reste, qu'on y pense bien : tout n'est pas fait quand on a recueilli les *on dit* des chroniqueurs, quand on a écrit des livres d'après des livres; il faut un peu vérifier par soi-même. Or, ce genre de preuves ne se trouve point sur le papier, c'est sur le sol ou sous le sol qu'il faut les chercher. Quant à nous, nous ne voyons pas pourquoi les historiens se seraient plutôt trompés relativement au capitole et à l'amphithéâtre qu'ils indiquent, qu'à l'égard des aquéducs dont ils parlent en même temps, et dont nous avons retrouvé des traces, des fragments importants. Il ne serait donc point puéril de prendre au sérieux un pareil sujet d'études. S'il est nécessaire de songer à l'avenir des cités, n'est-il pas également utile d'étudier leur passé? l'histoire du passé, n'est-ce pas la leçon de l'avenir? Plaignons l'homme positif qui ne date que de lui-même l'existence de sa race, et pour qui les souvenirs sont choses importunes. Celui-là ne connaît de l'existence que les soucis et les douleurs!

Revenons à notre sujet. De ce qui a été dit plus haut, il résulte qu'après la destruction des murailles romaines, la ville n'a eu, pendant long-temps, pour clôture, que des palissades, du moins dans une grande partie de son enceinte. Mais enfin la nécessité des murailles se fit sentir, et alors, sans doute, on rouvrit les carrières.

Ce fut notamment pendant le XIe siècle que l'on pourvut à la défense de Cambrai. Les évêques Liebert et Gérard II firent d'immenses travaux de fortifications. Alors s'élevèrent de fortes murailles flanquées de tours; alors fut fortifiée cette enceinte nommée le *Château*, dans laquelle l'évêque et son clergé pouvaient trouver un abri contre les coups de main de la bourgeoisie.

Au XVe siècle on retrouve encore des travaux immenses en pleine activité.

Il n'entre pas dans notre sujet de passer en revue la chronique des fortifications de Cambrai (1) ; aussi, ne signalons-nous ces deux époques que comme celles des principaux ouvrages dans les temps anciens. En effet, on lit dans les manuscrits qu'en 1516, la ville de Cambrai avait une lieue et demie de circuit, et que *deux cents* tours défendaient ses murailles. De plus, un chroniqueur nous apprend que, dans ces *deux cents* tours, il ne faut pas comprendre celles qui garnissaient les portes et les châteaux-forts.

On peut donc, sans rien affirmer imprudemment, regarder comme probable que les carrières cambresiennes ont fourni leur part dans cette grande ceinture de pierre, sinon pour les revêtements, du moins pour les fondations et la maçonnerie de remplissage.

Considérons maintenant les souterrains de Cambrai comme lieux de refuge ou d'habitation, et consé-

(1) On trouve un essai sur l'*Histoire des Fortifications de Cambrai*, dans les *Soirées de l'abbé Tranchant.*

quemment par rapport aux travaux d'art qui y ont été faits postérieurement à leur origine.

Ces vastes et profondes cavités offrent, en cas de siège, des abris si sûrs, des cachettes (des *muches* comme disaient nos pères) si commodes, qu'il n'est point permis de croire que leur utilité aura échappé aux générations qui se sont succédé sur le sol de notre cité. Dans les temps modernes, à la moindre alerte de guerre, pendant les sièges ou les simulacres de siège, les habitants n'ont point manqué d'y déposer leurs trésors et d'y abriter leurs familles; en aurait-il pu être autrement jadis, lorsque les risques et les rigueurs de la guerre étaient plus grands encore?

Cependant, nous devons déclarer de suite que les anciens mémoriaux du pays ne contiennent rien de positif à cet égard. Nous n'avons donc que des inductions à tirer, que des probabilités à établir. Ce silence de notre antique histoire ne nous empêche pas d'admettre que les catacombes cambresiennes ont reçu dans leur sein, à diverses époques, une partie de la population.

Au IXe siècle les Normands firent une irruption exterminatrice dans nos malheureuses contrées. Les ravages qu'ils y causèrent sont incroyables. Des populations entières furent anéanties. Ces barbares emportèrent un immense butin. Cambrai eut sa part de tant de calamités; mais quand on compare les ravages qu'elle eut à subir au sort des villes voisines, il faut reconnaître que ses malheurs et ses pertes ne furent pas les plus grands. N'est-il pas juste de penser que cette ville souterraine dont les entrées mystérieuses pouvaient être facilement dissimulées et dont notre population moderne a fait usage de nos jours, aura beaucoup contribué à préserver nos pères de la ruine et de la mort? Lorsqu'il était dans les mœurs de toutes les Gaules et notamment des contrées du Nord, de chercher des abris dans les grottes, dans les antres, dans les creux des rochers, peut-on croire que les Cambresiens, si bien partagés sous ce rapport, n'auraient pas confié à leurs secrets asiles le salut de tout ce qu'ils avaient de précieux?

C'est donc sans doute des carrières de Cambrai que sortait, après la retraite des barbares, cette population qui reparaissait si nombreuse et si forte, si on la compare à celles des pays circonvoisins.

Mais les périls de guerre ne furent pas les seuls que les peuples primitifs aient eus à redouter dans notre pays. Le christianisme y eut ses adeptes, et nécessairement ses persécuteurs. En ces tristes occurrences, les chrétiens de Cambrai ne se seront-ils point souvenus de ceux de Rome, et n'auront-ils pas, dans leurs catacombes du Nord, célébré les mêmes mystères que l'on célébrait dans celles d'Italie? Il est vrai que l'on ne retrouve à Cambrai ni tombeaux ni autels; mais aussi tant de parties souterraines sont aujourd'hui ignorées ou inexplorables, tant de causes de destruction ont existé depuis l'enfance du christianisme, et d'ailleurs le nombre de chrétiens était si minime en comparaison de ceux de Rome!

Au reste, ce serait ici le cas de parler de ces grandes tables de pierre que la tradition place encore aujourd'hui dans des souterrains où il ne nous a point été possible de pénétrer; ce serait, disons-nous, le cas d'en parler et d'examiner jusqu'à quel point elles pourraient rappeler des autels, si nous ne les rangions parmi toutes les merveilles que l'imagination fantasque de nos pères a placées dans leurs catacombes. On remplirait un livre avec les histoires, les légendes plus ou moins ingénieuses qui nous ont été contées à ce sujet. Les souvenirs tragiques sont surtout en grand nombre; et nous avons rencontré tels braves gens qui nous estimaient fort heureux d'être sortis sains et saufs des abîmes dangereux et suspects dont on avait eu jadis la précaution de murer les entrées.

Dans le cours du moyen-âge, Cambrai, prise et reprise dans ces jeux de guerre où des chefs turbulents jouaient la vie et le repos des peuples, Cambrai, plus souvent inquiétée encore que prise, a vu maintefois se réfugier dans ses murs les populations des villages du Cambresis. Elles y venaient avec leurs biens les plus précieux, avec leurs animaux de travail et de provision. Nous n'en finirions pas, si nous voulions énumérer toutes les circonstances où l'on eut occasion de se cacher dans les catacombes de Cambrai. Au reste, ce n'est point notre tâche : hâtons-nous d'arriver aux preuves matérielles, et d'abord signalons comme telles les escaliers que nous avons décrits.

On sait que généralement ce n'est point par des escaliers que l'on descend dans les carrières ; c'est souvent par les puits même d'extraction, c'est quelquefois par des puits spécialement destinés à la descente des ouvriers. Les carrières les mieux exploitées sont ainsi faites, telles sont aussi celles de Cambrai. Or, si pour parvenir dans nos catacombes, en tant que carrières, on a pratiqué des puits qui existent encore, il est évident que les escaliers ont été faits pour un autre usage. On ne pourrait pas même supposer que les escaliers aient été faits pour remplacer des puits là où il n'y en avait pas, car nous avons remarqué plusieurs puits qui correspondent au pied même des escaliers. Donc, il est évident que les escaliers ont été percés après coup, et pour donner un facile accès à ces carrières devenues des lieux d'habitation. Une nouvelle preuve qui vient à l'appui de notre assertion, c'est le soin tout particulier avec lequel ils sont revêtus. Un grand nombre de ces escaliers sont vraiment remarbles par le luxe de leur construction et l'ampleur de leur développement. Nous avons eu occasion de noter précédemment que ces belles constructions commencent seulement au fond de certaines caves dont les grossiers abords contrastent singulièrement avec ce qui les suit. De là nous sommes amenés à conclure qu'à une certaine époque de notre histoire, la commune de Cambrai ou, si l'on veut, la cité, pour faciliter, en cas de guerre, l'accès des carrières, aura fait percer et construire, à frais communs, ces beaux escaliers dont on aura naturellement placé les ouvertures dans les caves les plus rapprochées. Faits des deniers d'une ville tout entière, d'une ville qui comprenait leur nécessité et leur importance, ils attestent la richesse des ressources qu'on y a employées, et rendent d'autant plus sensible la simplicité des petits escaliers de caves dont ils sont pour ainsi dire la continuation, lesquels ont été faits par des particuliers, c'est assez dire le plus économiquement possible.

Une remarque qu'on peut faire en visitant les carrières, c'est que partout les orifices des escaliers sont très peu apparents, c'est qu'il est aisé de les dissimuler entièrement. Il ne suffisait point en effet, pour soustraire les populations à la poursuite de l'ennemi, en cas d'une prise d'assaut, de les cacher dans nos catacombes : il fallait encore rendre ces catacombes inaccessibles au vainqueur. Car si souvent on ne s'y est retiré que pour y être à l'abri des projectiles qui, durant un siège, écrasent ou allument les maisons, il est impossible qu'on n'ait point prévu le cas d'un échec complet, celui où l'ennemi s'emparerait de la ville.

On sait du reste que, dès les premiers temps, une dure et triste expérience avait instruit nos pères.

Puisque les escaliers sont de date postérieure à celle des carrières, quelle est donc l'époque qu'on peut assigner à leur origine? Il est difficile, pour ne pas dire impossible, de répondre à une pareille question. Cependant il est probable qu'on n'aura pas tardé à à en percer au moins quelques-uns. Qu'ils aient été alors revêtus de leur belle maçonnerie en pierre blanche, cela est douteux, cette maçonnerie n'était pas rigousement nécessaire : la preuve en est qu'il existe encore quelques escaliers sans revêtement. Mais, sans doute, on aura voulu, par la suite, éviter les dangers d'éboulements, on aura pensé qu'il fallait que ces voies de salut fussent toujours prêtes à tout évènement et l'on aura entrepris l'œuvre gigantesque dont nous nous occupons.

Nous croyons devoir faire remonter ces derniers travaux à la fin de l'époque romane, et au commencement de l'ère ogivale, c'est-à-dire au XIIe siècle. Dans les uns on rencontre le plein cintre, dans les autres l'ogive, deux styles différents, mais pour ainsi dire antés l'un sur l'autre. Nos escaliers qui, par leur état uniforme de conservation, la nature de la pierre, et certaines particularités qu'il serait fastidieux d'expliquer ici, paraissent tous contemporains, donnent bien à comprendre qu'ils ont été faits à peu près à la même époque. Ils ne peuvent donc dater que de ce moment de transition où le plein cintre finissait pour faire place à l'ogive, puisqu'on y trouve l'un et l'autre style.

Ici nous devons prévenir une objection : On pourrait demander si les travaux qui nous occupent ne seraient pas de la Renaissance, époque où le plein cintre a repris faveur, pour continuer à régner jusqu'à nos jours.

Nous répondrions que cela ne nous paraît point probable, plusieurs raisons nous donnant à croire le contraire.

1° En étudiant l'appareil, nous y avons remarqué les imperfections de l'époque romane, c'est-à-dire l'absence des clefs de voûtes. Chacun pourra, comme nous, se convaincre en examinant les dessins d'arcades romanes reproduits dans les ouvrages d'archéologie, que l'on ne se préoccupait point à cette époque de la clef de voûte. Les voussoirs s'élevaient de chaque côté pour se rencontrer à l'endroit où le hasard les amenait, et souvent un joint tenait la place de la clef. Tels sont les cintres de nos escaliers dans lesquels la clef, ou plutôt ce qu'on pourrait appeler la clef, quand cela s'y trouve, n'est autre chose qu'un voussoir plus ou moins large à l'aide duquel on a comblé le dernier vide. Or, ce caractère, nous le répétons, est particulier au style roman, à la différence de la Renaissance qui fait jouer aux clefs de voûte, dans les arcades, un rôle important, et qui s'est plu à les décorer d'une manière toute particulière.

2° Dans plusieurs parties des carrières où sont des constructions contemporaines des escaliers, on rencontre le plein cintre et l'ogive, et ils y sont disposés de telle sorte que toujours l'ogive est superposée au plein cintre, ce qui prouve surabondamment que le plein cintre y a précédé l'ogive; et que par conséquent les constructions auxquelles il appartient sont d'époque *romane*, et non pas de la *Renaissance*.

3° Enfin quelquefois, comme cela peut se constater dans les souterrains ayant accès sur la Grand'Place, aux n°s 41 et 45, on trouve, à l'entrée de l'escalier, des pieds-droits engagés dans les murailles, et couronnés par un imposte, taillé en biseau. Autre caractère propre à l'époque romane.

Ces diverses considérations tendent donc à faire dater du XIIe siècle la construction des escaliers (1).

Or, tout ce qui vient d'être dit des escaliers peut s'appliquer à des travaux d'une autre espèce qu'on rencontre dans les carrières. L'objet le plus digne

(1) Dans cette question importante, nous avons consulté M. de Contencin, ancien président de la *Commission Historique du département du Nord,* en ce moment sous-préfet à Cambrai. Cet archéologue distingué ayant en tout point approuvé nos opinions, nous n'avons point hésité à les exprimer ici.

d'attention dans ce genre est une belle salle souterraine voûtée à plein cintre, dans laquelle on arrive par la maison n° 45, Grand'Place; bien que, suivant le mode déjà constaté dans notre travail, elle soit située sous la Place, et non sous la maison par laquelle on y parvient.

Cette salle est un quadrilatère d'environ six mètres sur chaque côté. On y arrive aujourd'hui par un étroit défilé, mais jadis elle a eu issue par un autre escalier dont il va être question. Un puits dont la cavité est ménagée dans la voûte, se trouve au-dessus de l'entrée de l'étroit défilé. Il semble avoir servi à l'alimentation de l'air ou à l'introduction plus directe des vivres, etc. A côté de l'entrée est une porte murée, dont le seuil est placé à environ 150 centimètres du sol actuel. Le seuil de cette porte semble n'être qu'un degré d'escalier. Il ne nous a pas été permis de renverser le mur qui la ferme: nous ne pouvons donc rien affirmer sur l'usage auquel elle a été destinée; mais il faut dire que, si réellement elle fermait un escalier, il devait exister, pour y parvenir, quelques degrés dans la salle elle-même, puisque le seuil de la porte est élevé d'environ 150 centimètres au-dessus d'un sol déjà élevé lui-même.

Dans le mur du côté opposé, c'est-à-dire en face de l'entrée, on remarque le cintre d'une autre porte dont on n'aperçoit plus que le sommet, ce qui donne à comprendre que de grands remblais couvrent le sol. Il faudrait estimer la hauteur de ces remblais à environ 2 mètres.

Une circonstance qui serait de nature à corroborer cette opinion, c'est qu'à l'une des extrémités de la salle, on trouve une grande galerie dans laquelle on descend d'environ un mètre au milieu des éboulements; après quoi l'on rencontre une très belle voûte cintrée, ornée, d'espace en espace, d'arcs-doubleaux présentant une singulière contradiction : à savoir que, sans que rien en puisse expliquer le motif, ces arcs-doubleaux reposent, d'un côté, sur des pieds-droits faisant saillie à la muraille ; tandis que, de l'autre, ils se confondent, à la naissance de la voûte, avec le reste de l'appareil et disparaissent dans le mur perpendiculaire. Vers le milieu, du côté droit de cette galerie, qui, avec la salle précédente, forme un souterrain de 17 mètres de longueur, est une porte dont le cintre repose sur des pieds-droits ornés d'impostes taillés en biseau; elle donne accès sur un bel escalier qui, à la treizième marche, présente un palier formant angle droit avec l'escalier, lequel revient alors dans le sens opposé à celui de sa partie inférieure, en formant encore angle droit avec le palier.

C'est le seul exemple que nous ayons rencontré d'un escalier se repliant, pour ainsi dire, sur lui-même, les autres étant généralement directs. Malheureusement nous n'avons pu le suivre jusqu'à son orifice extérieur, à cause du barrage en pierres que l'on trouve à la vingt-sixième marche. Malheureusement aussi des éboulements nous ont empêchés de pénétrer dans une galerie dont on n'aperçoit que l'orifice, laquelle est située dans cette partie non voûtée et presque comblée qui joint ensemble la grande salle et la galerie.

Nous nous sommes étendus un peu longuement sur cette crypte, qui nous a paru curieuse, et dans laquelle on retrouve tous les caractères de l'époque romane : appareil, cintre, défaut d'agrafe, etc. Il nous reste maintenant à examiner dans quel but ce travail architectural aura été entrepris.

On comprendra facilement qu'en pareille matière et à défaut de toute espèce de documents, nous ne pouvons que hasarder des suppositions. Selon nous, il faut donc croire qu'à cette époque de guerres fréquentes et de périls si graves, où les Cambresiens cherchaient des refuges dans leurs carrières, on aura voulu disposer, pour les chefs de la cité, un local plus commode que les simples galeries, et leur conserver, par là, ce prestige qui disparaît aussitôt que l'autorité est confondue avec le vulgaire.

Il ne serait pas non plus impossible que ce lieu ait été destiné à usage de chapelle.

Quoi qu'il en ait été, il est du moins certain que la plus grande carrière qui existe sous la Grande-Place est voisine de cette crypte. Il est même très probable qu'elle communiquait originairement avec elle; de même qu'il est probable aussi qu'elle avait communication avec la plupart des carrières voisines (1). Dans notre supposition, les populations réfugiées sous la Place et les quartiers prochains, auraient donc eu leurs magistrats ou leurs prêtres, non point parmi elles, mais dans un monument à part, accessible néanmoins à tous; de telle sorte qu'il n'y aurait jamais eu d'interruption dans l'administration civile ou dans la célébration des mystères sacrés.

De pareilles suppositions, nous l'avouons, sont un peu arbitraires; aussi ne les livrons-nous au lecteur que sous toutes réserves.

La crypte que nous venons de décrire n'est point la seule qui existe à Cambrai. Il y a, sous l'Hôtel-de-Ville, un souterrain que nous croyons primordial (car il ne s'agit encore que de ceux-là) et qui est

---

(1) Pour partager notre avis à cet égard, il suffira au lecteur de jeter un coup d'œil sur le *Plan des Souterrains de la Grand'Place*, que nous joignons à notre travail.

entièrement voûté en ogive (1). Aucun souvenir ne fait connaître si quelqu'usage particulier a été attribué à ce souterrain. Une chose peut-être serait de nature à mettre sur la voie; c'est une saillie en maçonnerie, longue de 1 mètre 83 centimètres, qui ressemble à un siège ou à une table étroite que l'on aurait appliquée contre la paroi du souterrain. Trop élevée pour un siège ordinaire, trop basse pour une table, cette mystérieuse construction est placée à mi-longueur de la galerie. Nous n'avons pu en tirer aucune déduction. La tradition rapporte qu'à ce souterrain aboutissait une longue voie qui communiquait avec l'extérieur de la ville, du côté de la porte Notre-Dame. Sans nier absolument cette assertion, nous pensons qu'il faudrait des preuves pour s'y arrêter. Il est bien vrai qu'au bas de l'escalier, l'on voit une porte bouchée; il est bien vrai que la galerie qui y aboutit semble se diriger du côté

(1) Il est bien entendu que nous ne confondons pas l'époque de la maçonnerie avec celle du souterrain primordial. Le lecteur ne doit pas perdre de vue, que nous traitons en ce moment des travaux d'appropriation dans les souterrains primordiaux.

de la porte Notre-Dame; mais il n'en résulte pas nécessairement que le souterrain ait eu communication avec la campagne.

Il est à regretter que, pour rendre notre travail tout-à-fait complet, il ne nous ait point été possible de faire ouvrir toutes les entrées fermées, de renverser tous les obstacles. Mais le lecteur comprendra que des empêchements de diverses natures ont dû quelquefois surgir devant nous; et sans doute il nous saura gré d'avoir poursuivi nos études avec une persistance qu'a pu seul soutenir notre amour pour le vieux pays.

On rencontre, en d'autres carrières de la ville, des parties également voûtées. Tantôt les voûtes constituent un édifice complet; tantôt elles ne sont que des moyens de consolidation et de soutènement. Le souterrain de la maison n° 42, place au Bois, est remarquable par de belles arcades, dont nos planches donneront une meilleure idée que la plus complète description.

En dernière analyse, il paraît incontestable qu'à

diverses époques et pendant des temps plus ou moins longs, une partie des carrières a été habitée; peut-être même oserions-nous avancer qu'on y a réfugié des bestiaux. D'abord, parce que l'histoire nous apprend que les habitants des campagnes voisines qui venaient abriter *leur meilleur* (comme ils disaient) dans la ville de Cambrai, comptaient parmi ce *meilleur* les hôtes de leurs étables. Ensuite, parce qu'on trouve, dans un souterrain de la Grand'Place, celui du n° 64, des signes qui font présumer l'introduction du bétail : tel, par exemple, un escalier dont les marches sont en grès, circonstance exceptionnelle. Cet escalier est beaucoup moins rapide que les autres; les degrés en sont plus allongés, comme pour faciliter l'accès aux animaux. Telle encore une grande pièce carrée, que nous n'avons pu voir, parce qu'elle a été récemment comblée de décombres, mais qui, d'après la description qui nous en a été faite, a pu servir à usage d'étable.

Il faut dire, du reste, que notre opinion à cet égard semble contredite par la disposition des lieux : car l'escalier si facile et si bien dégagé dont nous parlons, est précédé d'une cave et d'un escalier inaccessible aux bestiaux.

Mais cette objection disparaît si l'on réfléchit que les maisons qui forment la Place ont été faites et refaites plusieurs fois; ce qui laisse toute latitude de supposer que, par quelque jardin ou lieu écarté, on pouvait arriver en pente douce jusqu'aux marches du souterrain.

Nous ajouterons qu'un puits de 18 pieds de profondeur existe dans cette carrière. Or il n'était pas nécessaire à l'extraction des pierres qu'on allât chercher de l'eau à une pareille profondeur. Il fallait que l'on en eût un grand besoin, et que l'usage en fût destiné aux habitants de ce lieu, car il n'a nul orifice ni trace d'orifice à l'extérieur du sol.

Dans ce qui a été dit jusqu'ici on a pu trouver un tableau complet de ces tristes épisodes de guerre dont les carrières furent sans doute le théâtre.

A la première apparition des hordes ennemies, la terreur se répandait dans les campagnes du Cambresis.

Une foule de villageois s'empressaient de fuir vers la ville souterraine. Ceux dont le château féodal aux hommes de fer, aux sires redoutables, ne protégeait point les chaumières; ceux qui n'avaient point, dans le cimetière de leur village, quelque souterrain secret pour y attendre que le torrent fût écoulé, s'empressaient de quitter leurs champs voués au ravage de l'ennemi; et portant leurs enfants, soutenant leurs vieillards et leurs femmes, chassant devant eux leur bétail, ils arrivaient en toute hâte dans la *ville aux carrières*. Ces longues processions désolées se faisaient ouvrir les portes hospitalières de la cité déjà fermées et palissadées. Alors tout ce peuple descendait le long des vastes escaliers de pierre et pénétrait dans les entrailles du sol cambresien dont les habitants les avaient devancés. Là chacun établissait sa famille dans quelque coin, autour d'une pierre, dans un vaste puits d'extraction.

On campait dans ces grandes catacombes, pour ainsi dire, comme on l'eût fait dans le désert. Mais là, du moins, tout n'était pas sable ou pierre aride. L'eau des fontaines y murmurait; elle y était limpide, saine et abondante. L'ordre règnait au milieu de ce peuple fugitif; car le magistrat y avait son prétoire, le prêtre y avait son autel; les morts hélas! y avaient leurs tombeaux.

Tandis que femmes, enfants, vieillards, moines et nonnes, tribu silencieuse et consternée, respiraient, à soixante pieds sous terre, l'air des vivants qui leur parvenait par les longs soupiraux à l'étroite et presqu'invisible ouverture, les hommes forts et valides vêtus de fer, armés d'arbalètes, de piques, de masses d'armes ou de casse-têtes, défendaient leurs remparts, ou peut-être luttaient pied à pied dans les rues tendues de chaînes, sur les places de la cité déjà envahies par le Normand ou le Français.

Mais bientôt sonnait l'heure de la délivrance : Dieu sauvait la cité de St-Géry, et tous les réfugiés sortaient de leurs catacombes. Alors on pleurait les fiers enfants du pays morts en combattant pour leurs foyers : on leur faisait de nobles funérailles. Puis les habitants des campagnes regagnaient les villages en bénissant l'hospitalité et les souterrains de Cambrai.

Telles ont dû être, plus d'une fois, les scènes tragiques et pittoresques que nous n'avons fait qu'indiquer, parce que nous n'avions à parler des mœurs du pays qu'en ce qu'elles ont eu de commun avec nos souterrains.

Nous ne terminerons pas cet examen des carrières au point de vue des usages auxquels on les a appropriées, sans parler de celles qui se trouvent dans la partie-*nord* de la Grand'Place et dont toutes les issues sont soigneusement et hermétiquement fermées. Celles-là ont, pendant longtemps et jusqu'au commencement de ce siècle, servi d'égoût aux eaux pluviales qui s'écoulaient sur la pente de la colline, dans la direction de la place, depuis la citadelle.

Le nouveau système d'écoulement conduit les eaux jusqu'à l'Escaut : d'où il résulte, dans les moments de pluie abondante, de véritables torrents qui inondent les rues basses de la ville et parfois certaines maisons qui les bordent. Cet inconvénient devait être évité par l'écoulement des eaux dans ces gouffres inconnus qui ne se sont jamais trouvés remplis. Il reste à savoir si la ville ne perdait point alors en salubrité ce qu'elle gagnait en commodité, et si les inconvénients actuels qui, à l'extérieur, ne sont que passagers, n'avaient point alors des équivalents faisant ravage à l'intérieur.

Sous la partie-*est* de la Place, c'est-à-dire entre les rues des Trois-Pigeons et de l'Ange, la tradition signale encore des carrières dont toutes les entrées sont fermées.

Ce que l'administration de la ville avait fait sur la Place, un grand nombre de particuliers l'ont fait dans leurs domiciles privés. De grandes portions de carrières ont été ainsi utilisées soit comme égouts des eaux, soit comme réceptacle d'immondices, etc.

Maintenant que nous avons analysé et soigneusement examiné l'ensemble de nos carrières, il nous reste à faire mention succincte de chacune d'elles. C'est là un travail complémentaire qui n'ajoutera rien à notre histoire archéologique, ni à la connaissance des mœurs de nos pères; mais qui, en quelques pages, achèvera l'esquisse de notre ville souterraine.

NOTE DESCRIPTIVE

DES

CARRIÈRES DE CAMBRAI.

HÔTEL-DE-VILLE. — Deux souterrains : l'un sous l'hôtel-de-ville même, l'autre sous la place. — Entrée pour les deux, par l'antique cellier de la ville.

— *Premier souterrain*. Escalier voûté à plein cintre. 33 marches, après la cave; escalier de la cave 40 : total 73 marches — Galerie voûtée en moellons, forme ogivale. Deux issues fermées. Point de puits d'extraction dans la partie visible. Contre l'une des parois une sorte de banquette ou table en maçonnerie.

— *Deuxième souterrain*. Escalier voûté à plein cintre. 26 marches; cave 40 : total 66 marches.

Galeries, état primitif, sauf quelques arceaux de consolidation. Petit puits d'extraction ayant orifice extérieur sur la Place. Un puits à eau dont le niveau est à 4 mètres 50 centimètres de la margelle.

Place, n° 40. Escalier à cintre. 42 marches. Carrière primitive et travaux de consolidation. Plusieurs issues bouchées. Un grand puits d'extraction. Un puits à eau ayant ouverture sur l'escalier du souterrain.

Place, n° 60. Escalier cintré. 38 marches. Carrière primitive. Eboulements et remblais. Point de puits visible. Une belle fontaine. Communication avec le souterrain du n° 64.

Place, n° 64. Escalier du souterrain 28 marches; escalier des cave et bove, 35 : total, 63 marches. Cet escalier n'est pas voûté; il est taillé dans le roc, et diffère en cela de presque tous les autres. La pente en est très douce, et les marches allongées. (Nous en avons déjà parlé.) Galeries fort belles de carrière primitive : un grand nombre d'issues comblées. Un petit puits d'extraction. Un puits à eau, creusé spécialement pour le service du souterrain. Il a 18 pieds de profondeur. L'escalier et les larges galeries de ce souterrain font présumer qu'il a servi à usage d'étable ou d'écurie. Il communique avec celui du n° 60. Ils forment ensemble une voie souterraine très étendue.

Place, n° 62. — Escalier cintré. 28 marches. Carrière primitive. Il faut noter une particularité propre à ce seul souterrain : Il est creusé au-dessus des galeries ramifiées qui joignent ensemble les souterrains des n°s 60 et 64. Il est pour ainsi dire comme un étage supérieur aux deux autres carrières (1). Point de puits. Plusieurs inscriptions. On y lit écrit en caractères du XVIIe siècle : *Jean Fournier... Duran* 1666. — *Robert Bery* 1665.

Place, n° 87. Escalier cintré. 40 marches, sans compter celles de la cave. Carrière primitive. Plusieurs issues comblées. Deux petits puits d'extraction. Un puits à eau comblé, qui a eu originairement une ouverture dans la rue Saint-Martin.

---

(1) Voir le plan des Souterrains de la Place joint à cet ouvrage.

Place, n° 81. Escalier cintré. 35 marches après la bove; bove et cave 36 marches : total, 71 marches. Carrière primitive. Remblais. Un petit puits d'extraction ou soupirail. Une fontaine. Ce souterrain communique avec celui du n° 67.

Place, n° 73. Escalier cintré. 40 marches après la cave qui en a 15. Carrière primitive. Issues comblées. Un puits-soupirail.

Place, n° 67. Escalier de 55 marches, voûté à plein cintre jusqu'à la 24ᵉ marche, après quoi il est taillé dans le roc. L'escalier de la cave en a 17, qui avec les 55 du souterrain font un total de 72. Un autre escalier joint, presqu'à angle droit, le premier à la 44ᵉ marche. Carrière primitive. Grand puits d'extraction ayant 9 mètres 20 centimètres de diamètre. Une fontaine abondante. Très belle eau. Ce souterrain communique avec celui du n° 81. Il a eu d'autres issues qui sont fermées.

Place, n° 51. C'est la plus grande et la plus belle carrière de la ville; elle s'étend sous une immense partie de la Place et communiquait évidemment avec d'autres carrières voisines. Escalier cintré. 37 marches après la cave, qui en a 29 : total, 66. Galeries primitives. Remblais. Dix voies souterraines murées ou comblées. Cinq grands puits d'extraction. Deux fontaines. L'état de cette carrière fait craindre, dans un avenir plus ou moins éloigné, des catastrophes que l'on pourrait prévenir par quelques travaux de consolidation. Du ciel de la carrière miné par des suintements continuels d'eau pluviale, se détachent fréquemment d'énormes fragments, dont la chute prépare d'autres chutes. Les puits d'extraction que l'on a bouchés, en construisant des voûtes au-dessus de leur orifice, nous semblent aussi présenter des dangers. En plusieurs endroits, les parois latérales de ces puits s'écroulent, et finiront nécessairement par laisser les voûtes sans appui. Alors la moindre cause, une voiture traversant la Grand'Place, par exemple, suffira pour déterminer l'éboulement. Alors peut-être une catastrophe sera inévitable. On sait qu'elle n'est pas sans exemple à Cambrai.

Place, n° 45. Escalier cintré. 34 marches, après la cave qui en a 28 : total, 62. Nous avons exactement décrit ce souterrain, page 60 et suivantes.

Place, n° 39. Escalier cintré, 31 marches. Carrière primitive, avec arceaux de consolidation, les uns à plein cintre, les autres de forme ogivale, disposés de telle sorte que les constructions à plein cintre sont, en certaines parties, recouvertes par l'ogive; d'où nous concluons que les cintres sont d'époque romane. Plusieurs issues bouchées. Point de puits d'extraction dans la partie visible. Plusieurs inscriptions, parmi lesquelles la suivante : *Olline de Le Vingne*, 1590. Les parois de cette carrière sont ornées naturellement de jolies vermiculures.

Place, n° 37. Escalier cintré. 31 marches, plus pour la cave et la bove 40 marches : total, 71. Carrière primitive. Eboulements. Point de puits.

Place, n° 33. Souterrain bouché et impénétrable.

Place, n° 27. Escalier étroit, à plein cintre et à voûte unie, à la différence de la plupart des escaliers qui sont voûtés à redans. 52 marches. Plus la cave 24 : total, 76 marches. Carrière primitive généralement large et élevée. La pierre y est très belle. Issues bouchées. un petit puits d'extraction ou soupirail. Inscriptions : *Nicolas Donc.* 1663. — *Jaquet...* A côté de ce nom, la figure d'une ancre. Vermiculures naturelles plus petites que celle du n° 39. D'énormes crevasses qui se manifestent dans le ciel de cette carrière nous ont paru n'être pas sans danger.

Un autre petit souterrain sans intérêt existe aussi sous le n° 27.

Rue de l'Ange, n° 6. Escalier cintré. 18 marches, sur une totalité de 72, en comptant celles de la cave et de la bove. Carrière primitive. Deux issues remblayées dont un escalier. Vers le milieu de la galerie, une cloison dans laquelle est pratiquée une porte. Au-dessus de cette porte on lit la date de 1610, tracée au doigt, dans le mortier.

Rue de l'Ange, *n°* 10. Escalier cintré. 33 marches; avec celles des cave et bove, 72 marches. Carrière primitive, mais ragréée. Point d'issues visibles. deux petits puits d'extraction, dont un comblé et l'autre parfaitement maçonné en pierre blanche.

D'autres carrières inaccessibles existent dans la rue de l'Ange.

Place au Bois, *n°* 20. Escalier cintré, 54 marches; avec celles de la cave 69 marches. Une partie de cette carrière est voûtée à plein cintre. Un petit puits d'extraction. Il existe vers le milieu de l'escalier une ouverture ayant accès sur le puits.

Place au Bois, *n°* 28. Escalier à plein cintre, 49 marches; avec celles de la cave, 68 marches. Carrière primitive, soutenue en quelques endroits par des voûtes à plein cintre. Quelques remblais. Au fond de cette carrière un autre escalier très rapide de 30 marches environ, au bout duquel on arrive à une fontaine. Dans cette carrière qui est de deux époques différentes, sont diverses inscriptions. Nous en avons parlé ci-dessus, pages 40 et 41.

Place au Bois, *n°* 40. Escalier cintré à redans. 38 marches en grés. Carrière en partie primitive, en partie voûtée à plein cintre. Issues bouchées. Un petit puits d'extraction au bas de l'escalier.

Place au Bois, *n°* 42. Escalier à plein cintre,

32 marches; avec celles de la cave, 65 marches. Carrière ragréée. Ce souterrain est très beau; il est d'une grande élévation. Il s'y trouve une série d'arcades hautes de 3 mètres 40 centimètres et larges de 2 mètres. La voûte taillée dans le roc n'a pas moins de 4 mètres 40 centimètres de hauteur. On y remarque aussi deux belles ogives. Plusieurs issues fermées. Ce souterrain communique avec celui du n° 40. Un petit puits d'extraction.

Place au Bois, n° 27. Escalier cintré, 49 marches; avec celles de la cave, 86. Carrière primitive. Deux arceaux de soutènement. Issue bouchée. A la 17me marche de l'escalier un puits à eau. Inscriptions : *Jean de Dom*, 1557. *Mukoin de le Kay* 1554. Quelques figures bizarres.

Place au Bois, n° 29. Escalier à plein cintre, 42 marches; avec celles de la cave, 80. Carrière primitive, avec quelques arcades à plein cintre pour renforts. Remblais et issues bouchées. Un petit puits d'extraction. Ce souterrain communiquait naguère encore avec celui du n° 40.

D'autres souterrains inaccessibles existent encore

sous la place au Bois, notamment aux n°s 34 et 46.

Rue de la Porte-Robert, n° 15. Escalier cintré, 46 marches; avec celles de la cave, 60. Carrière primitive. Remblais et issue bouchée. Point de puits visible.

Rue Saint-Jean. Plusieurs carrières inaccessibles.

Rue du Petit Séminaire, n° 27. Escalier cintré, 33 marches; avec celles de la cave, 63. Carrière primitive. Puits d'extraction. Puits à eau. A la différence de la plupart des carrières cambresiennes qui sont sous les rues ou les jardins, celle-ci se trouve sous la maison même.

Dans la même rue, au Petit Séminaire. Une carrière dont on ne peut voir qu'une très petite partie; le reste ayant disparu derrière des constructions de caves.

Archevêché. Un fragment de carrière primitive ne présentant aucun intérêt.

Rue de Noyon, n° 48. De grandes carrières dont

les entrées sont ignorées. On n'y pénètre que par un puits à eau ayant orifice à l'extérieur.

Il faut faire remarquer ici que le quartier où existaient l'ancienne abbaye de Saint-Sépulcre, maintenant l'archevêché, et l'église de Saint-Nicolas, doit être excavé d'une manière assez notable, bien que l'on ignore les entrées des carrières. On lit dans un manuscrit de la bibliothèque communale de Cambrai, inscrit sous le nº 673 : « Au temps » de Gérard fut grand'mortoille et famine en Cam- » bray, tellement que les chimetières n'étaient point » assez grandes pour enterrer les corps; et que » l'Evesque fit faire un carneau (charnier) *en une* » *grande carrière* qui estoit hors la ville, et après » la peste y fit faire une église du Saint-Sépulcre. » C'est à cette église du Saint-Sépulcre qu'a succédé notre cathédrale actuelle.

Rue des Liniers, nº 52. Escalier à plein cintre, 56 marches : avec celles de la cave, 72 marches. Carrière primitive. Un puits à eau.

Rue des Liniers, nº 34. Escalier cintré, 24 marches; avec celles de la cave : 53 marches. Carrière primitive. Plusieurs issues bouchées. Un puits d'extraction fermé par le haut. — Le propriétaire ayant voulu, il y a un certain nombre d'années, déblayer une des issues, rencontra une galerie assez spacieuse dans laquelle il trouva des squelettes. Il prit ce lieu pour quelque ancien caveau funéraire et le referma, ou plutôt le laissa se refermer de lui-même par des éboulements incessants qui en obstruaient l'entrée.

*Rue des Rôtisseurs, n*o 12. Escalier cintré. On n'en peut compter les marches, car ce n'est qu'en rampant sur des décombres qu'on parvient, par une longue et étroite ouverture, dans la galerie. La cave et la bove qui précèdent ont ensemble 33 marches. Carrière primitive. Plusieurs issues fermées de remblais.

Rue Saint-Martin, n° 16. Escalier en ogive et à redans. Marches en grès au nombre de 47, qui, avec celles de la cave, font un total de 64 marches. Galerie primitive. Issue bouchée. Petit puits servant à la descente des ouvriers. Grand puits d'extraction.

Une portion de la paroi de ce puits, en face de l'escalier, est proprement crépie, jusqu'à une hauteur d'environ 1 mètre 20 centimètres, comme si un corps quelconque eût dû y être exactement appliqué. Sur la gauche de cette partie crépie, il existe, dans une petite niche, un trou pratiqué perpendiculairement dans le roc. Ce trou est carré et large d'environ 25 centimètres. Il est, en partie, comblé; mais il a encore 3 mètres 50 centimètres de profondeur. Cette singulière excavation dont il nous a été impossible de déterminer l'usage, reste encore pour nous et pour plusieurs archéologues qui l'ont visitée avec nous, un mystère dont l'explication amènerait sans doute celle du crépi de la muraille.

Emplacement de l'ancienne église de Saint-Martin. Il y existe un souterrain dans lequel on ne pénètre que par un puits à eau. Ce souterrain a cela de particulier que la tour qui sert encore aujourd'hui de beffroi y a ses fondations. C'est donc du fond d'une carrière que s'élève ce beau clocher.

Place Saint-Martin, n° 4. Escalier cintré, sans

redans, 43 marches; avec celles de la cave, 59 marches. Grande et belle carrière primitive. Un grand nombre d'issues comblées. Deux petits puits d'extraction ou de descente comblés. Quelques travaux de consolidation. Une belle ogive. Ce souterrain communique avec le suivant.

Rue des Chanoines, n° 2. Escalier à redans, 25 marches; cave et bove 33 : total 58 marches. Avant de pénétrer dans le souterrain, on arrive dans une magnifique salle voûtée à plein cintre, et en pierre. Carrière naturelle. Quelques travaux de consolidation. Plusieurs issues fermées.

Tout, dans ce souterrain et le précédent, donne à croire qu'il existe, sous la *place Saint-Martin* et l'ancien cimetière de l'église du même nom, une très vaste carrière, dont les souterrains ici mentionnés ne sont que des fragments.

Rue des Chanoines, n° 4. Escalier en ogive. 43 marches; avec la cave, 60. Carrière primitive. Plusieurs issues comblées récemment, lesquelles donnaient accès à des carrières actuellement inaccessibles, situées sous la *rue des Croisettes* et sous la grande cour de la maison de la *rue Saint-Martin*, n° 28. Dans la carrière, est un grand puits d'extraction. Deux autres grands puits d'extraction existent sous la cour de la maison n° 4, *rue des Chanoines*, et d'autres existent également sous la cour de la maison no 28, *rue Saint-Martin*.

Rue des Chanoines, n° 7. Escalier cintré; partie voûte unie, partie à redans; 35 marches; avec celles de la cave, 52. Carrière primitive. Trois issues bouchées. Un petit puits d'extraction ou de descente. Un puits à eau alimenté par un cours d'eau dont on ne voit point les issues.

Rue de l'Epée, n° 8 bis. Escalier cintré, 13 marches; avec celles de la cave 58. Carrière primitive. Plusieurs issues bouchées. Un grand puits d'extraction. Un petit puits de descente. Un puits à eau. Une fontaine.

Hospice de Saint-Julien. On arrive dans ce souterrain par un trou pratiqué dans un des murs de la cave, qui a 21 marches, et que le hasard a fait découvrir récemment. 7 ou 8 marches couvertes de remblais. Déjà l'on touche à la partie basse de la ville, ce qui explique le peu de profondeur du souterrain. Carrière primitive fort basse et très ramifiée, dans laquelle les eaux, qui la submergent pendant l'hiver, ont opéré de grands ravages. Eboulements. A cette carrière aboutit un souterrain voûté, presque toujours submergé, et dont l'issue est fermée par des remblais. Un puits d'extraction.

Rue des Ratelots, n° 17. Escalier cintré, 36 marches; avec celles de la cave : 52. Carrière primitive. Issues comblées. Orifice d'un petit canal voûté et comblé.

Rue des Ratelots, n° 14. Escalier plein cintre, 38 marches; avec celles de la cave : 53. Carrière ragréée. Elle a servi jadis de cellier au chapitre de Notre-Dame. Plusieurs issues comblées. Une très belle et abondante fontaine. Point de puits d'extraction visible.

Rue Saint-Aubert, n° 7. Deux escaliers cintrés dont l'un est fermé. L'escalier utile a 27 marches :

avec celles de la cave et de la bove, 52. L'autre escalier a 40 marches jusqu'à l'endroit fermé. Un troisième escalier dont l'orifice est bouché à la première marche, communiquait avec la maison de la même rue, n° 5. Carrière primitive. Plusieurs issues bouchées. Travaux de consolidation. Point de puits visible. Il est très probable que cette carrière ne fait qu'une avec celle qu'on dit exister sous l'ancienne place Notre-Dame, et dont nous n'avons pu retrouver aucune entrée.

Rue Sainte-Agnès, n° 18. Escalier cintré, 33 marches : avec celles de la cave, 43. Carrière et maçonnerie. Deux issues bouchées.

Rue Sainte-Agnès, n° 7. Point d'escalier. On n'arrive dans ce souterrain que par le puits de la machine à vapeur de M. Quentin. A une profondeur d'environ 18 mètres, nous avons fait percer la paroi du puits, et traversant cette brèche, nous nous sommes trouvés dans le vaste souterrain. Il est presqu'entièrement submergé, et cela n'étonnera pas quand on saura que la machine y déverse trois mille six cents hectolitres d'eau par jour. Ce souterrain, qui est vaste, a un grand nombre d'issues bouchées; il est en partie carrière primitive, en partie très soigneusement voûté. On y trouve une belle salle à plein cintre d'environ 4 mètres carrés; il y existe des supports à plein cintre et d'autres à ogive. On comprend que l'énorme quantité d'eau déversée par la machine ne s'absorbe pas dans ce souterrain, mais qu'elle s'écoule. Cet écoulement se fait dans la direction du N.-E. au S.-O., par un canal qui fut jadis pavé en dalles de grés. Nous reviendrons autre part sur ce cours d'eau. Il s'y trouve un puits de descente dont l'orifice est fermé. Ce souterrain correspondait évidemment avec plusieurs autres qui existent dans la même rue, et qui sont devenus inaccessibles par suite de la reconstruction de plusieurs maisons.

Rue Sainte-Agnès, no 6. Escalier cintré, 55 marches : avec celles de la cave, 65. Carrière primitive. Deux issues bouchées. Point de puits visible.

Rue des Fromages, no 26. Escalier cintré, 42 marches : 59 avec celles de la cave. Carrière primitive. Issues comblées et remblais. Grand puits d'extraction. Deux petits puits de descente. Les abords de ces puits sont presque inaccessibles. Une longue voie souterraine, maintenant comblée par des éboulements qui n'y permettent plus la circulation, s'étend du côté de la rue de l'Arbre-à-Poires. Il y existe, dit-on, une belle fontaine.

Rue des Fromages, n° 12. Escalier cintré, 45 marches : avec celles de la cave, 65. Carrière primitive dont une partie inaccessible. Une issue bouchée. Cette carrière ne fait qu'une avec la suivante.

Rue de l'Arbre-à-Poires, n° 10. Escalier cintré, 49 marches : avec celles de la cave, 63. Carrière primitive. Un grand puits d'extraction. Communication avec le souterrain précédemment désigné.

Rue de l'Arbre-d'Or, n° 19. Deux escaliers : l'un cintré avec redans, 52 marches ; l'autre, sans redans et comblé à une certaine distance. — Carrière primitive et travaux de consolidation. Deux puits de descente, dont l'un taillé dans le roc, et l'autre maçonné en pierre blanche. Ce dernier puits prend de l'air dans la rue. Ce souterrain communique sans doute par l'escalier comblé avec la maison en face. On y lit quelques inscriptions; entr'autres le nom *Baltazart* inscrit en écriture du XVI° siècle. Les parois sont chargées de vermiculures naturelles.

—

Telle est la liste à peu près complète des Souterrains de Cambrai encore visibles aujourd'hui. Mais nous ne croyons pas nous tromper en portant au double la capacité des carrières qui y existent. Nous ajouterons, pour mémoire, que la tradition place une carrière ou une étendue d'eau sous presque toutes les églises de Cambrai. Mais il faut sans doute reléguer ce fait parmi les fables du même genre que l'on rapporte à propos des églises dans un grand nombre d'autres villes. Il nous paraît peu probable que les architectes anciens, si expérimentés et si prudents, se soient fait un jeu de placer de lourds monuments sur des sols ébranlés ou du moins forts suspects. Les caveaux pratiqués sous le pavé des temples, dans toutes les conditions de solidité possibles, auront sans doute donné lieu à ces histoires que le peuple brode tous les jours et transmet à ses enfants. Sans donc nier absolument l'existence d'un petit *lac* sous l'ancienne métropole, et d'un autre *lac* sous l'église de Saint-Sépulcre qui remplace le vieux temple de Notre-Dame, nous devons déclarer que nous n'avons trouvé aucune voie qui pût nous y conduire, ni aucun renseignement assez satisfaisant pour nous y faire croire.

EUGÈNE BOULY.

SUITE

des

SOUTERRAINS PRIMORDIAUX.

SOUTERRAINS DE GUERRE

DU CAMBRESIS.

Conformément au plan que nous nous sommes tracé, et laissant momentanément de côté ceux des Souterrains de la ville de Cambrai qui ne sont que *secondaires*, nous allons terminer notre première partie par l'étude des souterrains *primordiaux* de la campagne. Là aussi sont des excavations de deux natures différentes. D'un côté, espèces de catacombes originairement destinées ou appropriées, dans la suite, à l'habitation des hommes ; d'autre côté, voies étroites et mystérieuses, œuvres probables de stratégie militaire, et dont il ne sera question qu'à la fin de notre travail.

A propos des premiers souterrains dont il vient

d'être parlé, une question se présente naturellement : quelle est l'origine de ces travaux antiques? Remonte-t-elle à l'invasion des romains dans la Gaule, au passage des phalanges d'Attila, ou aux irruptions des Normands? On ne peut nier que le doute plane encore sur cette partie de notre histoire, et c'est ce doute qui nous a déterminés à placer cette partie des souterrains du Cambresis dans la catégorie des souterrains primordiaux.

Nous avons visité, de ces souterrains, ceux où il est possible de pénétrer ; nous les avons parcourus dans leur développement; nous les avons étudiés avec soin : et cependant, si nous nous sommes formé une opinion à leur égard, ce ne sera qu'avec réserve que nous l'émettrons ici, car ces excavations ne présentent aucune particularité archéologique qui puisse leur faire assigner une époque certaine.

Néanmoins, ayant reconnu que les catacombes du Cambresis, comme quelques-unes de l'Artois et autres lieux, ont évidemment été creusées ou du moins arrangées pour servir d'asile caché, nous allons examiner les diverses causes qui, de l'avis des historiens, ont pu forcer nos pères à creuser ces immenses cavités et à y descendre avec ce qu'ils avaient de plus précieux.

Lorsque nous nous sommes livrés à l'étude des souterrains primordiaux qui se trouvent sous la ville de Cambrai, nous avons facilement constaté qu'ils ne sont autre chose que d'anciennes carrières pratiquées dans le seul but d'extraire de la pierre; et nous avons été amenés par des raisonnements longuement déduits à attribuer ces gigantesques travaux à l'œuvre des Romains. Il n'en est point de même des souterrains des campagnes. Si, dans le nombre, on en voit qui proviennent d'anciennes carrières, il s'en rencontre un grand nombre creusés dans l'argile ou voûtés de briques. Quant à leur destination, elle ne saurait être douteuse. On y trouve des chambres d'habitation, des écuries garnies de mangeoires, des trous forés dans les parois et dont évidemment l'usage a été de soutenir des rateliers. Des endroits usés par de longs frottements, des traces très visibles de fumée, tout y rappelle, à n'en pas douter, le séjour des hommes et des animaux; tout démontre que, pour se soustraire aux désastres des invasions, les habitants des villages se retiraient dans ces refuges: aussi le peuple les a-t-il nommés *Souterrains de guerre.*

Une autre considération nous frappe encore; c'est que presque tous les refuges souterrains du Cambresis ont une issue ou plutôt une entrée dans une église et sous une tour qui pouvait à la fois servir d'observatoire et de défense; car beauconp de nos églises étaient fortifiées et entourées de murailles crénelées. Les populations mettaient ainsi en sûreté le temple de leur foi et les cendres de leurs pères. Il nous reste des exemples de ce fait dans les églises de Carnières, de Bermerain, de St-Vaast, de Saulzoir, d'Avesnes-lez-Aubert.

Que les entrées des souterrains aient été souvent ménagées dans les églises, c'est chose généralement constatée; or, ce fait une fois remarqué, la question d'origine semble s'éclaircir jusqu'à un certain point; car l'on doit supposer que l'existence des églises, successivement reconstruites, si l'on veut, est néanmoins antérieure à l'établissement des souterrains. En effet, il répugnerait d'admettre que l'on ait toujours jeté les fondements des temples saints là où se trouvaient les entrées des catacombes! Les convenances des lieux auraient souvent manqué pour ces grandes constructions. Donc il est naturel de penser qu'au contraire, les églises préexistant, on aura eu égard à leur situation pour creuser les souterrains.

Cette considération nous amène à écarter tout d'abord le premier terme de la question qui concerne l'invasion romaine dans la Gaule au premier siècle de l'ère chrétienne, puisque, dans nos contrées, l'érection des primitives églises ne remonte point au-delà du VIe siècle.

Passant maintenant à l'invasion des Huns sous la conduite d'Attila et de Bleda son frère, au Ve siècle. Nous trouvons les historiens d'accord pour dire que l'envahissement dans la Gaule de ces barbares sortis pour la seconde fois du fond de la Tartarie, se fit avec la rapidité d'un torrent qui a rompu ses digues, mettant tout à feu et à sang dans les provinces du Nord, et marchant droit sur Paris (1). A mesure qu'une contrée était dévastée, leurs bandes nombreuses passaient

(1) Anquetil, Hist. de France, an 448.

outre, poussant toujours en avant, et elles ne s'arrêtaient que lorsqu'elles ne trouvaient plus rien à ravager (1). Il est évident que cette sorte d'avalanche humaine qui détruisait tout sur son passage, amoncelant ruines sur ruines, ne laissa pas le temps aux villageois de se garer, encore moins de construire des souterrains, d'y faire descendre leurs familles et leurs troupeaux.

Il reste enfin la troisième période à examiner : celle de l'invasion des Normands au IXe et au Xe siècle. L'on sait que ces pirates du Nord vinrent le long des côtes, à petites journées, avec méfiance, remontant dans de frêles barques le cours des rivières : et qu'ils se répandirent au loin, pillant, incendiant, tuant de côté et d'autre, tantôt fuyant, se rembarquant promptement et emportant leur butin, puis revenant à la charge (2). Personne n'osait s'opposer à leurs bandes furieuses: les villes étaient épuisées, désarmées, et les trésors à vide; enfin, le peuple des campagnes était

(1) Hincmar, Annales de St-Bertin.

(2) Anquetil, Hist. de France, an 844.

réduit à la condition des animaux domestiques (1).

Le Cambresis ne put échapper à l'œuvre de destruction. Les Normands se rendirent maîtres de Cambrai, pillèrent le temple de St-Géry et le réduisirent en cendres (2). L'effroi et la misère furent tels parmi les malheureuses populations des villages, que l'on en vint à ne plus cultiver les champs qui se couvrirent de broussailles.

Ces transes cruelles durèrent près de deux siècles. N'est-il pas permis de présumer avec quelque certitude que, pendant ces longues péripéties, les habitants durent songer à se prémunir contre les fréquentes incursions de ces hordes de barbares, et que plusieurs générations, peut-être, travaillèrent successivement à creuser ces profonds et vastes refuges dont elles seules connaissaient les issues secrètes?

(1) Théophile Lavallée, Hist. des Français, liv. 3, chap. Ier.

(2) Balderic, liv. Ier, chap. LIX.

Ces considérations mûrement approfondies, nous ont autorisé à basarder l'expression de notre opinion personnelle, conforme d'ailleurs à celles de M. l'abbé Le Beuf (1) et de M. De Neuville (2), qui se prononcent pour l'époque du IXe siècle, comme la seule époque probable, de la construction des souterrains de nos campagnes.

(1) Mémoires de l'Académie royale des Inscriptions et Belles-Lettres, t. XVII.

(2) Mémoires des Antiquaires de la Morinie, t. III, p. 540

CARACTÈRES GÉNÉRAUX

des

CARRIÈRES DE LA CAMPAGNE.

— *Topographie.*

Les carrières du Cambresis ont ordinairement, comme nous l'avons dit, leur entrée dans une église, souvent sous le clocher, quelquefois seulement dans le cimetière.

Cette dernière circonstance s'explique très bien par ce fait que les cimetières étaient souvent fortifiés. Des trappes dans l'église, des ronces et des broussailles dans le cimetière cachaient sans doute les escaliers ou voies de descente.

Nous avons remarqué, en divers endroits, que là comme à Cambrai, les refuges souterrains sont creusés sous la voie publique et sous les jardins : c'est-à-dire que l'on a évité toute superposition de bâtiment dans les endroits excavés.

— *Escaliers.*

Les moyens de descente sont des escaliers ou des pentes douces, sans doute selon l'usage que l'on en voulait faire. Il y en a de creusés dans l'argile ou dans le roc; il y en a de voûtés en brique et en pierre blanche; il y en a de directs; il y en a de coudés. Nous mentionnerons ces particularités dans la description que nous donnerons plus loin de chaque souterrain visible.

— *Galeries, chambres, et puits d'extraction.*

Le plan du souterrain figure ordinairement une voie directe plus ou moins longue, formant galerie. Sur cette galerie sont ouvertes les portes des chambres destinées au refuge. Dans ces chambres on retrouve diverses traces d'habitation : des crochets, des anneaux de fer, des rainures pour la place des chassis de portes. On retrouve dans plusieurs souterrains, et notamment dans celui de Caudry, une quantité considérable de petits trous d'environ deux centimètres de diamètre, forés dans les parois des chambres, et remplis d'une poussière de bois consommé, qui donnent à connaître que là étaient fichées des chevilles, servant à suspendre divers objets d'utilité. Le foyer a laissé souvent des marques de sa fumée. L'auge prouve le séjour des bestiaux. Des puits d'extraction refermés en voûte par le haut, servaient à l'alimentation de l'air, au moyen de quelque petit soupirail ménagé dans la partie supérieure.

— *Puits à eau.*

Enfin des puits à eau auxquels on arrive par un abord facile, avaient le double avantage de renouveler l'air et de procurer de l'eau aux habitants tantôt réfugiés dans ces catacombes protectrices, tantôt vaquant aux travaux de la campagne. Ces puits avaient cela d'ingénieux qu'ayant, à la surface du sol, l'apparence de puits ordinaires, ils ne pouvaient éveiller l'attention de l'ennemi.

— *Remblais et éboulements.*

Il est presque superflu de dire ici qu'un grand nombre de ces souterrains, comme ceux de Cambrai, sont à l'état de ruine; que souvent la circulation y est interdite soit par des remblais, soit par des éboulements.

Depuis long-temps l'usage de ces retraites est oublié, il y en a même dont à peine la tradition mentionne l'existence. Quant à nous, nous croyons qu'il existe sous le sol de nos campagnes beaucoup de ces refuges inconnus; car si nous avons parlé plus haut de ces longues files de fugitifs qui venaient des campagnes, se réfugier dans les carrières cambresiennes, les *souterrains de guerre* sont là pour prouver que certaines parties des populations avaient leurs refuges à elles, et tout porte à croire que le nombre en était grand.

Ce coup-d'œil général jeté sur les souterrains du pays, nous allons maintenant les analyser particulièrement.

NOTE DESCRIPTIVE

DES

SOUTERRAINS DE GUERRE.

CAUDRY.

L'entrée actuelle du souterrain que l'on voit au village de Caudry, est dans l'ancien cimetière qui entoure l'église. Tout auprès, est une issue totalement encombrée, conduisant sous l'église. Il est présumable que l'entrée véritable du souterrain était originairement sous le clocher, suivant l'usage presqu'invariable ; mais une reconstruction du clocher, accomplie il y a plusieurs siècles, a fait disparaître cette issue, en posant les fondations du monument en travers de la galerie.

Une voie étroite, courant dans la direction de l'Est à l'Ouest, sur une longueur de vingt mètres, mène à une cavité aujourd'hui remblayée. Là, suivant la tradition, existerait le premier souterrain de Caudry, qui s'étendrait sous la place même du village, et dans lequel on cachait les bestiaux en cas d'attaques ou de surprises, pendant les guerres fréquentes du Cambresis.

A angle droit, dans la direction du Nord au Midi, est une pente très-rapide, conduisant à la galerie principale qui se trouve à 13 mètres de profondeur, sur une longueur de 74 mètres. Elle présente en hauteur 2 mètres 10 centimètres, et en largeur 1 mètre 40 centimètres. Quatorze chambres ont été pratiquées à droite et à gauche de la galerie. Ces chambres terminées en forme de voûte, ont de hauteur 2 mètres 35 centimètres; on y trouve une date de 1610.

Le ciel de la galerie est percé de deux puits qui ont servi à extraire la pierre calcaire assez friable, dans laquelle le souterrain a été creusé.

Ces excavations étaient ignorées de la génération actuelle, lorsqu'en 1846, un éboulement opéré dans l'un de ces puits, celui le plus rapproché de l'église, est venu révéler leur existence. Après quelques travaux de déblaiement, l'on parvint à pénétrer dans le souterrain et à en reconnaître l'étendue (1).

La tradition rapporte qu'un autre souterrain conduisait de la chapelle de Sainte Maxellende, érigée dans l'église de Caudry, jusqu'à la ferme d'Aulicourt, commune de Béthencourt. Dans les substructions de cette ferme on trouve, en effet, une crypte connue sous le nom de *Souterrain de Sainte Maxellende de Caudry*; mais sa structure nous oblige à en renvoyer l'examen dans la partie des *Souterrains secondaires*.

INCHY-BEAUMONT.

Il n'est plus possible, sans un travail long et dispendieux, de visiter le souterrain qui s'étend sous l'église d'Inchy, sous la route et sous les héritages environnants, toutes les issues en ayant été bouchées depuis long-temps. Mais des éboulements qui surviennent

(1) C'est à M. A. Prioux, maire actuel de Caudry, que l'on doit la conservation de ce souterrain, dont il a fait déblayer une partie. L'escalier qui y conduit aujourd'hui a été construit également par ordre de M. Prioux.

parfois, font connaître l'existence de ces cavités. Au dire des personnes qui ont pénétré par l'une de ces ouvertures, mises à jour inopinément par un enfoncement du sol, le souterrain d'Inchy serait creusé dans la terre, et formerait une série de chambres et d'étables portant des traces d'habitation. Quelques parties auraient été consolidées par des travaux de maçonnerie.

Il est certain que ces excavations s'étendent sous l'église, et l'on peut croire qu'une entrée, depuis supprimée, aura été ménagée sous le monument et peut-être sous la tour, belle construction de style ogival.

BUSIGNY.

Dans le bois de Busigny, en un lieu nommé le *Mont-au-Câtelet*, et que l'on présume être un ancien camp ou station romaine (1), il existe un souterrain que la tradition donne comme très-vaste. Il y a quelques années, de pauvres gens du village de Busigny, fouillèrent le *Mont-au-Câtelet*, pour y trouver et en enlever

(1) Documents archéologiques sur le Cambresis, recueillis par E. Bouly, br. in-8°, 1847.

les pierres du souterrain. Au lieu de pierres propres aux constructions, ils y découvrirent une certaine quantité de dalles en grés, des tuiles romaines, des médailles ou monnaies oxidées, des mors de bride, et enfin une petite statuette en bronze.

Ces circonstances évidentes doivent nous faire attribuer aux Romains, l'origine de l'excavation du *Mont-au-Câtelet*, contrairement aux autres *souterrains de guerre*, de formation moins ancienne, et dont nous nous sommes amplement occupés dans nos considérations générales.

LIGNY.

La tradition signale encore l'existence d'un souterrain au terroir de Ligny, entre le chemin de Caullery à Cambrai et celui de Caullery à Ligny, à quelque distance de la vieille route de Bohain, dans une grande tranchée que les habitants du village nomment le *Raboquênes* (le ravin aux chênes) (1).

Le *Raboquênes* paraît être un ouvrage de stratégie,

(1) Voir la brochure précitée.

présentant une tranchée d'environ 400 mètres de longeur. Des fouilles pratiquées en cet endroit, il y a quelques années, pour l'extraction de la pierre calcaire, ont fait découvrir l'apparence d'une entrée de souterrain taillée dans la pierre, mais entièrement comblée. Là se borna la découverte des travailleurs qui n'avaient d'autre but que d'extraire la pierre... Un jour peut-être, le hasard, quelques circonstances plus heureuses, nous en apprendront davantage au sujet du souterrain de Ligny.

CARNIÈRES.

Quatre entrées de souterrains prennent naissance au sud de Carnières, dans la rue du *riot* (1) *Notre-Dame*, et s'enfoncent dans les flancs de la colline sur laquelle est bâti le village.

Ces cavités creusées dans la pierre calcaire s'étendent sous une grande partie des maisons et des jardins, jusqu'à l'église. Ce qui le fait présumer, c'est que dans les moments de grandes pluies, les eaux qui

---

(1) *Riot*, ruisseau.

s'écoulent impétueusement du *riot Notre-Dame*, se précipitent par les quatre bouches béantes du souterrain et vont troubler l'eau de plusieurs puits qui, évidemment plongent dans la carrière.

Ces eaux torrentielles ont amené, à la longue, aux abords du souterrain, des dépôts de terre et d'immondices qui rendent son accès difficile.

Suivant la tradition, les excavations de Carnières s'étendraient jusqu'à la ferme du Frénoy, ancienne habitation de Templiers, située à deux kilomètres Sud-Est du village. Les quelques parties de la carrière que nous avons pu parcourir, ne nous permettent pas de nous prononcer à cet égard.

LESDAIN.

Dans le lieu élevé qui domine la grande rue, en entrant dans Lesdain, avant le pont du Torrent, il existe un *souterrain de guerre*. L'entrée en était encore ouverte en 1789 : elle était située auprès d'une petite chaumière, bâtie sur le talus de ce terrain nommé le *Jardin-Dominant*. M. Bouly, de Lesdain, se proposait d'y faire faire des réparations, lorsque la tourmente révolutionnaire est survenue. Depuis lors, la chaumière a disparu, et avec elle l'entrée du souterrain.

RÈVELON, PRÈS CRÈVECŒUR.

L'historien Carpentier, qui a habité quelque temps le château de Crèvecœur, révèle l'existence de plusieurs souterrains sous le *Mont-Rèvelon.* En effet, la disposition propice de ce lieu escarpé devait naturellement attirer l'attention des populations voisines. Il est facile de comprendre que, dans les flancs de cette grande roche, parmi les taillis épais dont elle était revêtue, on ait creusé des refuges qui présentaient tous les gages possibles de sécurité. Les entrées de ces souterrains sont depuis long-temps oubliées.

Quant à ceux de Crèvecœur dont parle en même temps l'historien du Cambresis, nous croyons devoir les classer parmi les *souterrains secondaires* dont il sera parlé plus loin.

MASNIÈRES.

L'on pénètre dans le souterrain de Masnières, par la cave d'une maison à usage d'auberge, située sur la route de Cambrai à St-Quentin, vis-à-vis la porte d'entrée du château. L'escalier de cette cave a quinze marches, et l'on descend d'une marche dans le souterrain qui s'étend sous la cour de la maison, vers l'église, sous les dépendances du château et sous la route qui y a déterminé plusieurs éboulements. Les cavités qu'il présente, creusées dans la pierre calcaire tantôt blanche et tendre, tantôt grise et dure, forment une sorte de labyrinthe inextricable.

Plusieurs des chambres que l'on y trouve ont été long-temps habitées; les parois en sont usées par le frottement qu'occasionne seul un long usage. De larges taches de fumée s'y rencontrent et font connaître que les habitants y faisaient du feu. D'autres parties ont servi d'étables pour les animaux domestiques ; l'on y remarque des mangeoires creusées dans la pierre même, des trous qui témoignent de la pose d'anciens rateliers. Dans une de ces écuries, au-dessus d'une auge, on trouve une date de 1510, profondément gravée et enfermée dans un carré ; au-dessous on lit ces mots : PIER NIOCAR.

Un puits en pierre blanche maçonné, actuellement

sans eau, à cause des remblais, servait exclusivement à l'usage des habitants du souterrain; car ce puits ne présente aucun débouché par le ciel de la carrière.

On remarque, dans une des chambres, un peu au-dessus du sol, une sorte de *mûche* (1) dont l'entrée fut jadis murée. Les débris de cette clôture y existent encore.

Dans un autre endroit, nous avons reconnu un fait géologique dont nous n'avons trouvé d'exemple que dans le souterrain de Caudry. Sur un développement de plus de vingt mètres, le banc calcaire inférieur est séparé du banc supérieur par une mince couche de silex, très-régulière. Néanmoins, cette particularité propre aux souterrains de Masnières et de Caudry, n'a rien de surprenant en géologie : il est reconnu que la formation supérieure du *terrain crétacé*, renferme assez généralement dans le nord de la France, la craie proprement dite, sans silex ou avec silex disséminé en rognons, ou en bancs épais ou minces intercalés. Dans

(1) *Mûche*, cachette.

les carrières où ces bancs sont importants et le silex d'une densité convenable, ils sont exploités pour la fabrication des pierres à feu.

Il n'existe point de puits d'extraction apparents dans le souterrain de Masnières, à moins que les parties obstruées n'en recèlent. Il est présumable que, comme dans les carrières peu profondes, établies sur la pente d'une colline, les pierres ont été charriées jusqu'à l'entrée, amenées par une pente douce, qui permettait de remorquer facilement la charge au niveau du sol supérieur. Quelques habitants se rappellent qu'en effet une entrée semblable existait anciennement au souterrain de Masnières.

Il est hors de doute que les excavations qui nous occupent ont été longtemps habitées par la population qui y a fait descendre ses animaux domestiques. Il est facile de retrouver dans l'histoire locale, les époques qui, depuis les invasions des peuplades du nord, ont pu forcer les habitants de Masnières à chercher un refuge dans leurs catacombes.

Cela fut probablement .

En 1339, lorsque l'évêque Guillaume ayant traité avec les Français, Edouard, roi d'Angleterre, porta la dévastation dans nos contrées, et vint mettre le blocus devant Cambrai. Edouard campa avec son armée, forte de cent vingt mille combattants (1), à Masnières, à Crèvecœur, à Rumilly, etc. Il n'est sorte de cruauté que les troupes n'eussent commises sur les lieux. Une chronique de l'époque s'exprime ainsi : « Ils enforchoient femmes gisant d'enfans, » femmes mariées et bonnes filles ; et aux gesnes » enfans copoient à l'ung un pied, à l'autre les » oreilles, aux autres le nez et à aulcuns crevoient les » yeux et disoient : Ch'est pour che qu'il vous sou- » vienne que le roi d'Angleterre et les Anglois ont esté » en Cambresis. (2) » — Nos gens, écrivait alors Edouard à l'évêque de Cantorbéry, détruisent communément en large douze ou quatorze lieues de pays, et tout ce pays est *moult nettement vidé de blés, bétail et d'autres biens.*

En 1524, lorsque les Anglais, après avoir ravagé

(1) Anquetil, Hist. de France.

(2) Ms. de la Bib. communale de Cambrai, n. 884, p. 4.

la Picardie, vinrent derechef camper à Masnières et autres villages environnants, d'où ils furent débusqués par les Français qui s'y établirent à leur tour.

En 1553, tandis que Henri II, roi de France, voulant enlever Cambrai au pouvoir de Charles-Quint, les troupes portèrent le saccage et l'incendie dans les villages qui avoisinaient cette ville.

En 1635, pour se soustraire aux rapines de la bande d'aventuriers, Picards et Artésiens, dirigée par un certain Marotel, dont le nom seul portait la terreur dans les campagnes, et qui avait pour refuge la petite ville d'Honnecourt.

Enfin, pendant cette même année 1635, pour éviter les troupes françaises qui faisaient main basse sur tout ce qu'elles rencontraient, et qui dévalisèrent complètement les villages de Masnières, Crèvecœur, Rumilly, etc.

Nous croyons qu'il est naturel d'admettre que, durant ces époques calamiteuses, les habitants cherchèrent à échapper aux troupes ennemies en se réfugiant dans leur souterrain, où les soldats n'auraient pas eu l'imprudence de se hasarder, en supposant qu'ils en découvrissent les issues dérobées.

RUMILLY.

Le village de Rumilly a aussi son *souterrain de guerre* qui, de nos jours, n'a aucune entrée apparente; mais la tradition signale ses excavations comme embrassant une vaste étendue.

Il y a un demi-siècle environ, en creusant une carrière de pierre blanche, au lieu dit *la voie d'Hermène*, au chemin de Proville, les ouvriers ont découvert l'une des ramifications de l'ancien souterrain. Quelques-uns des travailleurs s'étant hasardés d'y descendre, trouvèrent des chambres d'habitation creusées dans la pierre, et des écuries garnies d'auges taillées dans les parois du souterrain. Ils reconnurent encore des trous forés dans les murs, qui avaient autrefois servi à fixer les anneaux d'attache, et en plusieurs endroits du sol, une sorte de terre pulvérulente qui leur sembla être le résidu de la fiente des bestiaux.

Ces documents que nous tenons de source certaine, doivent faire penser que le souterrain de Rumilly offre beaucoup de ressemblance avec celui de Masnières, que nous venons de décrire; d'ailleurs, ces deux villages sont assez rapprochés (d'un kilomètre), et les mêmes besoins ont dû suggérer aux habitants les mêmes voies de salut.

CANTAING.

La tradition indique un souterrain au village de Cantaing; mais aucun des habitants contemporains n'en connaît les véritables issues. Seulement des éboulements survenus à diverses époques ont confirmé l'existence de cette excavation.

Le plus récent de ces affaissements de terrain, a eu lieu en 1846, au Nord-Ouest du village et au lieu dit *le Grand-Champ;* il fut déterminé par les eaux d'orage, qui mirent à découvert une partie du souterrain, dont la direction tendait approximativement vers le village de Fontaine-Notre-Dame, ou le bois de Bourlon.

L'on croit pourtant qu'une entrée de ce souterrain

existait dans l'ancien château-fort, qui se trouvait jadis dans la Grand'Rue, vis-à-vis l'église.

FONTAINE-NOTRE-DAME.

Il y existe des souterrains assez vastes et dont une entrée se voyait encore dans le cimetière en 1827; depuis lors, cette entrée a été totalement obstruée, les eaux pluviales y ayant déterminé un éboulement qui entraîna plusieurs tombes avec les terres qui les recouvraient.

A cette dépression du sol pourraient être attribuées les profondes lézardes ouvertes sur la façade du clocher; aussi, croyons-nous qu'il serait urgent de s'en assurer et d'y apporter remède, le cas échéant.

Autrefois, l'on pouvait parcourir le souterrain de Fontaine, dans une partie de son étendue; mais d'autres affaissements de terrain survenus dans l'intérieur du village, rendraient dangereuse toute exploration aujourd'hui : l'on ne pourrait la faire qu'après de grands travaux de déblaiement et de consolidation.

Au dire des personnes qui ont visité ces excavations,

il y a une trentaine d'années, elles présenteraient une suite de chambres liées par des galeries dont la direction tendrait au Nord, c'est-à-dire vers le village de Raillencourt; une autre voie souterraine se dirigerait aussi vers le bois de Bourlon.

SAILLY.

L'on signale au village de Sailly, un souterrain dont l'entrée est ignorée.

Non loin du village, à peu de distance de la route d'Arras, au lieu dit *le Fort*, un éboulement survenu dans un temps déjà éloigné, a mis en évidence une excavation que l'on présume appartenir à un souterrain plus étendu.

MŒUVRES.

Encore un souterrain fort vaste, dit-on, mais dans lequel il n'est plus possible aujourd'hui de pénétrer. Nous avons essayé d'y descendre par un petit puits-soupirail, que l'on nous avait indiqué dans la rue du *Sac*, à 40 mètres environ, au Nord-Est de l'église: mais dès la première tentative, les amas de terre accumulée par l'infiltration des eaux pluviales, et surtout le mauvais état de la maçonnerie de ce puits, nous ont fait renoncer à ce projet.

Nous nous sommes donc bornés à l'examen du sol sous lequel est pratiqué le souterrain, à constater les différents accidents qu'il présente à la surface, et à recueillir des renseignements près des habitants du village qui y ont pénétré par des issues que des éboulements ont mis en évidence, à différentes époques.

Le puits-soupirail communiquerait à une galerie percée dans l'argile, et dans la direction du Nord, jusqu'à la rue de *Là-Haut,* où un affaissement survenu en 1845, mit une excavation à découvert, pendant les travaux de terrassement de cette rue.

D'autres éboulements signalèrent encore le souterrain dans cette même rue, à une quarantaine de mètres, en retraite vers l'église, au bas d'un talus que surmontent diverses habitations.

Dans la rue qui vient d'être citée, sur le rang gauche, vers le Nord-Est, à l'extrémité du village, une petite mare d'eau disparut subitement, il y a quelques années, et les déchirements du sol firent connaître que les cavités de Mœuvres s'étendaient jusque-là. Non loin de ce dernier point, sur le rang de droite, l'on signale un puits à eau qui aurait accès dans le souterrain.

Au pied de l'église qu'entoure le cimetière, se trouve un vaste abreuvoir, sous lequel ou près duquel seraient encore des excavations. C'est ainsi que par une nuit d'hiver, l'immense nappe d'eau que renfermait cet abreuvoir, disparut soudainement dans les entrailles de la terre. Les villageois, d'abord épouvantés, finirent par découvrir dans un angle, une large anfractuosité par laquelle les eaux s'étaient précipitées dans le souterrain. Il y a de cela environ quinze ans; mais depuis lors, des remblais ayant été faits avec soin, rien de semblable n'est arrivé.

Le souterrain de Mœuvres ne diffère pas des autres souterrains que l'on trouve dans les communes voisines; il est composé de diverses galeries, présentant à droite et à gauche des chambres et des écuries, creusées tantôt dans l'argile, tantôt dans la pierre blanche. Les chambres ont été habitées; car l'on y a trouvé, à plusieurs reprises, des ossements d'animaux, débris probables des tristes repas faits on ne sait à quelle époque, par les habitants du village, que les cruelles nécessités de la guerre y ont fait descendre.

L'on présume que le souterrain de Mœuvres s'étend aussi sous le cimetière, peut-être sous l'église, et que la principale entrée s'y trouvait anciennement. Le portail de l'église, ouvert sur une des faces de la tour, présente des lézardes assez fortes : ne serait-il pas à craindre qu'elles ne provinssent des cavités, qui, suivant l'usage adopté par nos ancêtres, devraient y prendre naissance. C'est la seconde fois que nous avons eu occasion de faire cette observation qui n'est pas sans gravité : l'église de Fontaine-Notre-Dame, par rapport au sol, se trouve dans la même situation que celle de Mœuvres; aussi croyons-nous utile d'appeler sur ce point l'attention des personnes chargées de la conservation de ces monuments.

DOIGNIES.

La tradition signale également l'existence d'un souterrain au village de Doignies, auquel on attribuerait des communications aujourd'hui ignorées, avec les immenses cavités découvertes en 1840, au village d'Hermies, situé à 2 kilomètres, Sud-Est de Doignies.

L'entrée du souterrain d'Hermies se trouve dans la tour du clocher et sous l'église même de ce village. Il forme des galeries bien alignées et dans lesquelles sont pratiquées un grand nombre de chambres ou cellules, dont quelques-unes sont même dallées. Nous ne nous étendrons point sur les excavations d'Hermies, parce que ce lieu, bien que limitrophe, est étranger au Cambresis. Or nos études et nos recherches se bornent à l'exploration de cette antique province.

FLESQUIÈRES.

Dans un talus, tout près de l'église, se trouve l'entrée du souterrain de Flesquières. Cette entrée a été murée par mesure de sûreté, à cause des éboulements qu'occasionnait de temps à autre la bêche du fossoyeur.

Le souterrain présente deux galeries : l'une creusée dans la direction de l'église et du cimetière, l'autre placée sous la rue sans issue, qui aboutit à la ferme *Coupez*. Il y a dans cette ferme un puits à eau donnant accès au souterrain.

Les galeries sont accompagnées de chambres ou cellules régulièrement établies.

VILLERS-PLOUICH.

On retrouve au souterrain de Villers-Plouich, les mêmes dispositions que dans ceux dont nous avons précédemment fait la description : une entrée primitivement pratiquée dans une tour, ou dans le voisinage; et des galeries dans un terrain calcaire. Cette entrée voûtée est étroite et oblique; elle conduit dans la galerie principale, ayant environ 3 mètres de hauteur sur 2 de largeur, et présentant de part et d'autre, diverses chambres creusées dans le roc; elle se termine par un puits à eau qui sert en même temps de soupirail.

D'autres galeries moins importantes partent de droite et de gauche, et sont bordées de petites cellules. L'une de ces rues secondaires, aboutit encore à un puits ouvert, qui de même que le précédent a dû servir au déblaiement de la carrière.

Les chambres sont au nombre de 44 grandes et 52 petites.

Le souterrain de Villers-Plouich a été habité; l'on croit même dans le village, que la population s'y est réfugiée encore plusieurs fois pendant les guerres de Louis XIV.

RIBÉCOURT.

La place fort vaste de ce village, au milieu de laquelle se voit l'église, est entièrement excavée. Le souterrain qu'elle renferme est creusé dans la pierre calcaire tendre.

Procédant par analogie, nous renverrons aux descriptions que nous avons déjà faites des souterrains de même nature.

MARCOING.

Le souterrain de Marcoing, par sa nature, appartient plus particulièrement aux *souterrains secondaires*, à cause de ses longues voies en maçonnerie qui semblent n'être que des œuvres de stratégie; aussi n'en parlerons-nous ici, que pour constater l'existence de plusieurs chambres dans une galerie dont la direction est à l'Est.

L'entrée primitive du souterrain était autrefois dans le cimetière, mais elle a été supprimée, et maintenant on pénètre dans les substructions, par une ouverture faite, un peu plus loin, dans la galerie d'entrée laquelle est large de 1 mètre 25 centimètres. Cette ouverture est près de l'église, contre un talus formant la rive Nord-Est de la rue des Juifs.

—

En terminant ici cette revue des *Souterrains primordiaux* du Cambresis, nous n'avons pas plus que pour ceux de Cambrai, la certitude de n'avoir commis aucune omission. Quelque soin que l'on puisse apporter dans de pareilles investigations, il est impossible de tout découvrir. Un certain nombre de nos catacombes demeureront, sans doute longtemps encore, ignorées des populations même qui chaque jour foulent le sol sous lequel elles gisent depuis des siècles... Néanmoins nous avons la conscience d'avoir, dans ces nouvelles études, poursuivi notre tâche avec constance, sans nous laisser rebuter ni par la fatigue ni par les périls qu'elles nous ont présentés en maintes circonstances.

A. BRUYELLE.

SOUTERRAINS SECONDAIRES.

MONUMENTS RELIGIEUX.

DEUX CHAPELLES SOUTERRAINES.

Il n'entre point dans le plan de notre ouvrage de traiter des caveaux plus ou moins vastes, pratiqués jadis sous un grand nombre d'églises de Cambrai et du Cambresis. On sait qu'il était d'usage de ménager, sous le pavé de chaque temple, des excavations sépulcrales dans lesquelles moines, abbés, prélats, seigneurs et bienfaiteurs des églises, venaient successivement occuper des *fours* ou des *tombeaux*. Nous ne pensons pas qu'il y ait eu, à Cambrai, une église ou chapelle un peu importante qui ne fût pourvue de son caveau funéraire. Ce genre de construction appartient à l'histoire des monuments, et ne fait point partie des souterrains considérés au point de vue de nos études.

Ce seraient du reste, à notre avis, des recherches fort curieuses à faire que celles qui auraient pour objet nos nombreuses églises détruites, avec leurs caveaux et leurs tombes souterraines. Car si l'église métropolitaine de Notre-Dame a été explorée jusqu'à un certain point, celles de Sainte-Croix, de Saint-Nicolas, de Saint-Georges, de Saint-Géry et autres ne l'ont point été. Les caveaux de Sainte-Croix et de Saint-Georges ont été signalés comme remarquables. Mais ce qu'il y aurait sans contredit de plus intéressant à visiter, ce serait la crypte de Saint-Géry, sous l'emplacement de l'ancienne église de ce nom, laquelle avait été primitivement sous le vocable de Saint-Waats. Il paraîtrait qu'à l'époque de la translation du chapitre de Saint-Géry dans la vieille église de Saint-Waats (1), le tombeau de Saint-Géry, qui se voyait jadis sur le Mont des Bœufs, devant l'église des Chanoines, aurait été déposé dans une crypte sous le chœur du nouveau temple qu'ils venaient d'adopter. Un vieillard nous a

---

(1) Le monastère de Saint-Géry était originairement situé sur le *Mont des Bœufs*; ce lieu ayant été choisi pour y construire la citadelle, le chapitre fut contraint de se retirer en ville, dans l'église de Saint-Waats.

affirmé être descendu, depuis 93, dans cette chambre sépulcrale dont l'entrée restait ouverte au milieu des ruines du temple, et y avoir vu le tombeau en pierre. Des mains sacrilèges en avaient violé le mystère, sans cependant avoir détruit l'apparence du monument. Depuis lors, des travaux de terrassement pour un magasin de charbon ont fait disparaître l'entrée de la crypte, mais il est très probable que, sous le sol, tout est resté dans le même état.

Nous laisserons de côté ces études particulières ; mais nous nous occuperons ici de deux *Chapelles souterraines* qui ne paraissent point avoir fait partie d'autres monuments superposés.

L'une est située sous la cour de l'*Hôtel de l'Europe*, place au Bois, n° 46 ;

L'autre, rue de l'Arbre-d'Or (ancienne rue des Maseaux), n° 8.

La première de ces chapelles est, disons-nous, sous la cour de l'hôtel. Le vaste terrain qu'occupe cette antique habitation fait bien connaître qu'elle a dû appartenir à un personnage important (1).

L'autre chapelle est située sous une maison qui ne conserve aucun caractère particulier.

Or les notes assez complètes qui nous restent sur les communautés et monuments religieux de Cambrai, aux divers siècles, depuis l'établissement du christianisme, ne fournissent aucune indication qui puisse nous faire connaître l'origine des deux cryptes que nous signalons. Il est même probable que Julien Deligne qui a relaté dans son ouvrage (sur les établissements pieux de Cambrai), des chapelles moins importantes que celles dont il s'agit, en a ignoré l'existence.

Quoiqu'il en soit, nous sommes heureux d'avoir à

(1) Des titres anciens nous ont appris qu'au XVIe siècle, elle appartenait à Guillaume de Cambrai, sieur d'Iniolle. Nous n'avons trouvé aucun document sur les précédents propriétaires.

faire connaître ces petits monuments qui ne sont pas sans intérêt pour l'archéologie du pays.

LA CRYPTE *de la place au Bois* présente un plan parallélogramme de 7 mètres de largeur, sur 7 mètres 50 centimètres de longueur. Quant à la hauteur, nous n'avons pu que la présumer, car des remblais au-dessus desquels on a établi un nouveau pavé, ne permettent plus de rien déterminer à cet égard, avec certitude. Néanmoins, nous pensons que la chapelle devait avoir 6 mètres d'élévation. C'est un monument de style ogival qui, selon ses différents caractères, semble remonter au XIVe siècle. Dans le milieu, se trouve une colonne qui supporte la retombe des arcades, lesquelles posent, de l'autre côté, sur des corbeaux de même forme à peu près que le chapiteau de la colonne. La colonne qui se trouve presqu'entièrement enfouie dans les remblais, est mince et cylindrique. Le chapiteau en forme de corbeille allongée, à base cylindrique, est surmonté d'un épais tailloir octogone. Les nervures prismatiques de la voûte dont le profil présente un simple parallélogramme à arrêtes coupées, s'épanouissent au-dessus du chapiteau avec une certaine élégance. Elles forment, dans leur ensemble, une grande croix, entre les branches de laquelle, d'autres nervures se croisent par le milieu.

Les voûtes et les murailles sont en pierre grise. La colonne, le chapiteau et les corbeaux correspondants sont en grés.

On parvient dans la chapelle par un vestibule voûté en pierre, qui aboutit à l'un des angles, et qui a son entrée dans une cave assez vaste, voûtée en briques. Aucune particularité, aucun vestige de peinture ou de sculpture accessoire ne nous a frappés dans ce monument. Il est du reste défiguré en certaines parties, par de grossiers piliers en briques, que l'on y a élevés dans un but de consolidation.

Si nul souvenir ne se rattache aujourd'hui à ce petit temple souterrain, s'il n'offre au visiteur que le silence triste de ses murailles nues et muettes, il n'est peut-être pas étranger aux mystères d'un des caveaux de la même maison. Nous avons dit que le corridor qui conduit à la chapelle, donne dans une cave d'assez grande étendue. A l'autre extrémité de cette cave, se trouve un caveau dans lequel on parvient par un étroit orifice. Il n'y a pas encore un demi-siècle, que le propriétaire, en y faisant creuser le sol, pour y établir un atelier, découvrit plusieurs squelettes d'hommes rangés parallèlement. Les cercueils s'il y en avait eu, étaient complètement consommés. Le propriétaire actuel (1), n'a pu nous dire si l'on avait remarqué, dans la terre remuée, des résidus de bois. Du reste, nulle pierre tumulaire, nulle espèce de maçonnerie. Ces débris humains semblaient remonter à une époque très éloignée.

Et maintenant, que penser de ce fait inexpliqué? Etait-ce là un caveau de famille, placé à dessein dans le voisinage de la chapelle souterraine? Ces tombes mystérieuses n'ont-elles, au contraire, rien de commun avec le pieux monument, et ne recelaient-elles que des morts obscurs que l'on aurait voulu soustraire à la notoriété du cimetière commun? C'est ce qu'il paraît impossible de décider. Néanmoins il faut dire que le caveau dont nous parlons n'a rien de l'apparence d'un ancien sépulcre et qu'il semble être plutôt de la dépen-

(1) M. Leloup.

dance des autres caves, qu'une œuvre accessoire à la crypte qui vient d'être analysée.

La crypte *de la rue de l'Arbre-d'Or,* de construction ogivale comme la précédente, semble être à peu près de la même époque. Elle en diffère néanmoins par la forme et par l'ornementation. C'est un quadrilatère large de 5 mètres 20 centimètres : long de 12 mètres 10 centimètres, et d'une hauteur actuelle de 3 mètres 10 centimètres. Mais il est évident que, là aussi, sont des remblais sous le pavé, et qu'originairement cette hauteur a été d'au moins 4 mètres 55 centimètres. Il n'y existe point de pilier au milieu. Cette petite nef comprend, de chaque côté, quatre travées formées par des pilastres à chapiteaux octogones. Les nervures des voûtes sont plus délicates que dans la première chapelle.

Une couche épaisse de badigeon recouvre toute la superficie des murs et des voûtes; mais cela est sans inconvénient, attendu que la crypte ne renferme aucune partie finement sculptée. Dernièrement encore, la pierre grise s'y voyait dans sa primitive nudité; et le propriétaire nous a affirmé qu'on n'y trouvait nulle trace de peinture.

Un escalier de 18 marches, évidemment fait après coup, conduit, de la cour de la maison dans la chapelle souterraine. Nous pensons qu'il aurait eu 7 marches de plus, s'il avait existé avant les remblais qui exaucent le pavé ; ce dont nous doutons. Un autre escalier communique directement avec la rue. Nous doutons également que ce soit là l'entrée primitive, car pour la pratiquer, il a fallu couper une nervure de la voute, dont on retrouve les traces fort mal dissimulées. Il est probable que, dans l'origine, on ne descendait pas directement de l'extérieur dans la crypte, mais qu'on y arrivait par une petite cave qui est maintenant de 7 marches plus bas, ce qui s'explique par cette circonstance qu'elle n'a point reçu de remblais. Cette petite cave communiquait peut-être alors avec ces nombreux souterrains qui, maintenant interceptés, ont été évidemment, pour une grande partie du moins, reliés les uns aux autres. Ce qu'il y a de certain, c'est que le souterrain qui existe dans la même rue, nº 19, renferme un escalier qui se dirige du côté de la chapelle. Or, il est à noter qu'eu égard à la profondeur respective des lieux, il faudrait nécessairement monter pour arriver de la carrière dans la chapelle.

Doit-on conclure de ces observations que cette petite nef, ainsi que celle de la place au Bois, auraient été, pour ainsi dire, les églises de cette ville souterraine dont nous avons étudié la nature; ou faut-il les regarder comme des temples à part élevés par la piété de quelques particuliers? Un jour peut-être cette question s'éclaircira : aujourd'hui nous nous bornons à la poser.

MONUMENTS CIVILS.

SOUTERRAIN DU FERME.

On a quelquefois demandé ce que c'est que le Ferme à Cambrai. A cela nous répondrons que le Ferme était à Cambrai ce qu'il était ailleurs : une espèce de greffe, un lieu où reposaient les archives (1). Autrefois, dans certains pays, les notaires n'avaient point de registres. Ils confiaient une copie de chacun de leurs actes au dépôt public qu'on appelait *la chambre fermée*. De là évidemment le mot *ferme* : on disait *lettres en ferme* (2). Le Ferme de Cambrai contient, en effet, d'innombrables paperasses renfermées dans des sacs. C'est une petite salle étroite, voûtée en ogive avec d'élégantes nervures qui se croisent et portent, sur leur

(1) Hécart, *dictionnaire Rouchi-Français.*

(2) V. *Glossaire du droit français*, par Laurière, au mot *lettres en ferme.*

point d'intersection, des espèces d'écussons ronds sculptés dans la pierre, et sur lesquels est inscrite en abrégé cette date : *Anno Domini* 1473.

Sous cette pièce, il existe une petite cave, dont nous ne parlerions pas même, dans ce travail sur les souterrains, si elle n'était de la dépendance de l'hôtel-de-ville qui a joué un rôle important dans notre vieille histoire. On descend dans le souterrain du ferme par un trou carré d'environ 60 centimètres, qui évidemment a été ménagé dans la construction de la voûte pour servir d'entrée. On est alors dans un petit caveau rectangulaire, long de 4 mètres 90 centimètres, large de 2 mètres 10 centimètres, et d'une hauteur de 2 mètres 80 centimètres à l'endroit le plus élevé de la voûte qui est en briques et cintrée.

Les murailles de ce caveau sont en pierres blanches dont un grand nombre proviennent évidemment d'une plus ancienne construction. Ce qui le prouve, c'est qu'on en voit plusieurs couvertes encore de peintures. Ces peintures sont des rosaces assez grossières rehaussées d'or et peintes sur fond de cinabre. On y voit aussi un fragment d'inscription en caractères gothiques, noirs sur champ jaune, devenus illisibles par plusieurs altérations. Comme ces signes graphiques, les rosaces dont il vient d'être parlé ne sont, pour la plupart, qu'à l'état de fragments, attendu que les pierres qui les supportent n'étaient elles-mêmes que des fragments de la muraille dont elles faisaient précédemment partie. Dans la dernière mise en œuvre, un joint et une nouvelle pierre viennent presque partout interrompre le dessin : c'est que le maçon n'a eu en vue que de profiter d'une taille faite à l'avance, sans se préoccuper le moins du monde de la primitive décoration. Néanmoins quelques-unes des roses sont entières : ce sont celles qui, par hasard, étaient contenues sur une seule pierre.

Le caveau du Ferme, qui n'est peut-être pas plus ancien que la pièce supérieure, a été probablement pratiqué dans un double but : celui de ménager, dans le Ferme, la sécheresse dont les papiers avaient besoin, et de soustraire, en cas de troubles ou de siége, toutes ces archives au pillage. Quoique sans escalier, ce souterrain est facilement accessible à l'aide d'une petite échelle, et ne présente aucun danger.

Un enfoncement survenu dans le sol fait supposer qu'il existe quelque carrière sous le caveau lui-même.

SOUTERRAIN DE SAINT-BERNARD, ET AUTRES.

Dans les dépendances de l'ancien palais archiépiscopal de Cambrai, celles dites autrefois l'*officialité*, et consacrées de nos jours à la pension tenue par les dames Bernardines, *rue des Récollets*, on trouve un souterrain très soigneusement construit. Nous ne saurions dire s'il a fait partie de constructions supérieures, ou s'il a toujours été recouvert, comme il l'est aujourd'hui, d'un sol en jardinage.

Un escalier de 19 marches conduit dans une grande et belle salle voûtée en pierres de taille et à cintre. Cette salle ressemble beaucoup, par son aspect et par la nature de sa construction, à une cave qui se trouve dans les bâtiments de l'institution de Notre-Dame (Sainte-Agnès) construite par Vanderburch. La cave de Saint-Bernard a 12 mètres 20 centimètres de longueur et 6 mètres 30 centimètres de largeur. A l'une de ses extrémités (celle de l'Est) sont les orifices de deux escaliers descendants, voûtés en forme d'ogive et divergents entre eux. Celui de gauche est complètement bouché par des remblais. L'autre, quoique encombré, laisse encore assez de vide pour qu'un homme y puisse glisser en rampant. Nous n'avons pu explorer les substructions (peut-être les carrières) auxquelles mènent ces escaliers; car parvenus à une profondeur d'environ 6 mètres, nous avons trouvé la voie entièrement submergée.

A l'extrémité opposée, il existe, dans la grande salle, un escalier de 15 marches et voûté en ogive, donnant accès à un souterrain de forme également ogivale.

Toute cette substruction paraîtrait assez bien disposée pour un vaste cellier. Mais la situation qu'elle occupe, par rapport aux bâtiments de l'ancien palais, semble exclure cet usage.

Nous ne nous étendrons pas davantage sur une excavation qui n'est d'ailleurs qu'accessoire à l'objet de nos études. Si nous voulions comprendre dans ce travail les celliers et autres grandes caves de la ville, nous aurions d'abord à signaler l'immense cellier situé place au Bois, n° 32, et plusieurs belles caves formées de voûtes remarquables posant sur des piliers : antiques et durables édifices dont le système semble avoir été adopté dans plusieurs quartiers de la ville et notamment sur la Grand'Place, rang du Nord.

Nous parlerions encore de ces écuries souterraines autrefois nombreuses dans Cambrai, et dont on retrouve des exemples à l'ancienne taverne de la Bombe, *place au Bois*; à l'auberge des Dix-Sept-Provinces, *rue Saint-Nicolas*; et dans une autre auberge antique dont la destination a changé aujourd'hui, laquelle est située *rue de la porte de Selles*.

Il ne nous paraît point douteux que d'autres souterrains qui prendraient un caractère historique, si on les connaissait, existent dans le vieux Cambresis. Nous en trouvons la preuve à la ferme d'Aulicourt qui est une dépendance de Béthencourt.

SOUTERRAIN DE SAINTE-MAXELLENDE, A AULICOURT.

Dans cette ferme, autrefois propriété de l'abbaye de

Saint-André du Câteau, on trouve une petite crypte, connue, dans le pays, sous le nom de *souterrain de Sainte-Maxellende de Caudry*. L'on y pénètre par l'intérieur du corps d'habitation : un escalier de 13 marches conduit aux premières caves, alors un autre escalier de 23 marches se présente à angle droit, dans la direction de l'Ouest et mène au souterrain.

Cet escalier, en pierres blanches taillées et maçonnées avec soin, est, dans la première partie, à plein cintre et à redans; dans l'autre, à cintre régulier jusqu'au bas. Le souterrain qui forme un rectangle est maçonné en pierres blanches ; la voûte, à cintre brisé, rappelle la naissance de l'ogive.

A l'extrémité de la crypte, vers le sommet de la voûte, est un conduit étroit et carré, présentant à peine 30 centimètres d'ouverture, et fermé par une grille en fer. Suivant la tradition, (1) ce petit souterrain

---

(1) La tradition rapporte que sainte Maxellende, fille du sire de Caudry, fuyant les obsessions criminelles d'un jeune seigneur de Solesmes, nommé Harduin, parvint à lui

mènerait jusqu'à la chapelle de Ste-Maxellende, dans l'église de Caudry ; mais c'est là une erreur qui tombe devant le plus léger examen, puisque la direction de cette voie mystérieuse est opposée au village de Caudry.

Nous pensons qu'elle n'a d'autre but que d'aérer le souterrain, en lui donnant communication avec un vaste puits couvert, qui se voit dans la seconde cour

---

échapper une première fois, par un conduit souterrain qui s'ouvrit miraculeusement. Elle ajoute qu'un ange la guida ainsi de l'église de Caudry, où la jeune vierge s'était réfugiée, jusqu'au souterrain d'Aulicourt, lieu distant de trois kilomètres environ. L'extrême exiguité du souterrain ne permit point à Harduin de suivre sa victime ; mais, à quelque temps de là, Maxellende surprise seule dans le château de son père, par Harduin, qui l'entraîna au village de Saint-Souplet, reçut la mort de la main de son persécuteur. Ce martyre eut lieu le 13 novembre 670.

Cette légende est relatée dans les *Notes Historiques sur les Communes de l'arrondissement de Cambrai*, par M. Ad. Bruyelle.

de la ferme. Quant au grillage, il est naturel de croire que ce n'est qu'une barrière opposée à la circulation des animaux sauvages ou domestiques.

Ici, comme dans bien d'autres cas, la vérité est plus prosaïque que la légende.

MONUMENTS MILITAIRES.

Nous ne considérons les souterrains militaires qu'au point de vue de l'archéologie et de l'histoire. Nous dirons donc peu de choses des œuvres stratégiques auxquelles ils appartiennent.

SOUTERRAINS DU CHATEAU DE SELLES.

Les plus anciens souterrains militaires de Cambrai sont ceux *du château de Selles.* L'opinion vulgaire donne à cette forteresse une origine romaine. Carpentier, d'après Gélic, a émis cette opinion; et quoiqu'elle ait été contestée, nous ne voyons pas plus de raisons pour la rejeter que pour l'admettre. Seulement, il faut dire que, plusieurs fois réparé, fortifié, modifié depuis son origine, le château primitif est sans doute disparu tout-à-fait sous les nouvelles constructions. On lit dans un ancien manuscrit que Nicolas de

Fontaine, qui vivait à la fin du XIIIe siècle, augmenta le château de Selles : « *Hic episcopus loca episcopatus multis edificiis auxit, veluti in palatio cameracensi, apud castellum cameracesii, in castro de Selles*, etc. » Une des plus importantes modifications qu'il eut à subir, depuis lors, date du temps de Louis Maraffin, gouverneur pour Louis XI. Ce terrible capitaine fit de notre forteresse une citadelle menaçante. Il y éleva des boulevards et fit creuser des fossés du côté de la ville; de sorte qu'il l'entoura complètement d'eau. Ce fut dans ce sombre repaire qu'il établit son séjour. Une garnison nombreuse l'habitait, et les sentinelles couvraient ses remparts.

Nous n'écrirons pas ici l'histoire du château de Selles, parce que nous n'avons pour objet que l'étude de ses souterrains ; ils n'ont joué aucun rôle historique, nous les envisagerons donc seulement sous le rapport archéologique.

Lorsque l'on jette un coup-d'œil sur les vieilles tours grises de cette antique forteresse et sur la courtine de grés qui les relie entre elles et qui baigne son pied dans les eaux de l'Escaut, on peut se faire aisément l'idée de la disposition des principaux souterrains qu'elle renferme; car les longues et étroites barbacanes qu'on y remarque, sont celles de ces souterrains. On apprend donc déjà, par cette simple inspection, qu'il y a deux étages de galeries, et que, dans les tours, sont des salles rondes. Si à cela nous ajoutons que les murailles du fort, sont prodigieusement épaisses, le lecteur en conclura que les chambres inférieures et supérieures, contenues dans les tours, n'ont pas de grandes dimensions.

En effet, deux de ces chambres, superposées l'une à l'autre, ont 3 mètres 75 centimètres de diamètre; une troisième, située dans une autre tour, n'a que 2 mètres 60 centimètres. Celle-là n'a plus d'étage accessible. Les galeries, construites en pierre blanche, sont voûtées en plein cintre. Les petites chambres des tours sont également voûtées de pierre et en plein cintre. Une nervure en croix consolide ces espèces de dômes et repose sur quatre corbeaux ou consoles en grès.

L'on communique d'un étage à l'autre par un escalier en caracol, latéral aux chambres de la grosse tour, dans lesquelles donne cet escalier. Mais d'autres issues, indépendantes de la tour, facilitent l'accès de l'un ou de l'autre étage, sans que l'on soit forcé de traverser l'escalier dont il vient d'être question.

Les cellules et galeries ici mentionnées forment la seule partie remarquable des souterrains du château de Selles. A ces galeries voûtées en pierre blanche et en plein cintre, aboutissent, à peu près à angle droit, d'autres voies souterraines qui maintenant obstruées par des décombres et interceptées par des murailles, circulaient jadis sous la sombre forteresse. Car ce monument militaire n'était, à vrai dire, qu'un énorme conduit souterrain replié, et (qu'on nous passe l'expression) entortillé sur lui-même. Des issues donnaient sous la porte sombre, armée de herses et de ponts-levis. Mais tout cela ayant été rendu inaccessible par les ravages du temps, ou par des travaux postérieurs, nous n'avons à nous occuper que des souterrains qui longent la façade du château du côté de l'Escaut.

Il est évident que les chambres ont été employées à usage de prison. Les triples rangs de barreaux de fer que l'on a scellés dans les longues ouvertures des barbacanes, les gonds qui restent encore et la trace des verroux, prouvent suffisamment les soins que l'on a pris pour fermer solidement ces cellules militaires.

L'histoire d'ailleurs nous apprend que le château de Selles fût, au moyen-âge, consacré à usage de prison civile et ecclésiastique. Mais ce n'est point à dire pour cela que les deux tours si bien fermées aient été mises en possession de tous les bourgeois ou des prêtres que l'on détenait au fort de Selles. Il y avait sans doute, dans les bâtiments qui le dominent, quelques cellules moins sombres pour les prisonniers ordinaires. Il faut, selon nous, se défier de ces idées poétiques qui grossissent tous les objets, de ces brouillards qui, jetés entre nous et le moyen-âge, le font apparaître monstrueux et fantastique. C'est en se laissant aller à ces écarts de l'imagination, que quelque visiteur a cru revoir dans une étroite cellule toute une population de proscrits; qu'en retrouvant, sous la terre fraîchement remuée, des ossements humains, il s'est naïvement demandé si ce n'étaient pas les restes de prêtres emprisonnés au XVIe siècle; sans penser, ce qui est bien plus probable, que des étudiants en médecine avaient pu cacher, dans cet endroit de l'hôpital militaire (1), les traces de quelque larcin fait au profit de la science, et mis au rebut après avoir exercé leur scalpel.

Sans prétendre en exclure tout prisonnier civil, nous croyons donc que les tours ont principalement servi de prisons militaires. Ce qui le prouverait ce sont les nombreuses figures gravées dans les parois de leurs cellules. On y retrouve presque toujours une pensée de guerre mêlée à la pensée religieuse : ce qui du reste est bien dans le caractère du temps.

C'est un sujet d'études et de méditation fort piquant que ce singulier livre écrit dans la pierre en figures et en signes graphiques. Pas un endroit où le jour jette un peu de clarté, n'a été oublié. Des surfaces d'une assez grande étendue sont ainsi couvertes d'images sculptées au couteau. Mais tout cela n'est pas sans doute exclusivement l'œuvre des prisonniers.

---

(1) On sait que, depuis très long-temps, le château de Selles est affecté à usage d'hôpital mil[illegible]

Tout près de l'entrée de la galerie se trouve une poterne au-delà de laquelle on peut jeter un pont-volant au-dessus de l'Escaut. C'était un moyen commode de communiquer avec les ouvrages avancés de fortification, sans lever les herses et sans baisser les ponts-levis. On a attaché assez d'importance à cette petite porte, pour y placer, à la clé de voûte, un écusson armorié, très élégamment sculpté (1). Il est plus que probable que, lorsque le pont était jeté, un poste de garde était placé à la poterne, et dans ce cas, la galerie de la courtine devait servir d'abri aux soldats. C'est probablement en pareille circonstance que l'un d'eux aura gravé ces mots sur une des embrasures, (la première) : *les soldats de Loys* (peut-être de Loys Maraffin)... le reste est effacé.

En un autre endroit de la meurtrière, on trouve une

---

(1) Sur cet écusson mutilé, on retrouve un champ d'azur, à l'aigle éployé, sans doute de sable. L'écu est surmonté d'une couronne qui semble être celle d'un vicomte ou d'un vidame. Les signes caractéristiques de cette couronne et d'autres parties de l'écu ne sont plus appréciables.

date de 1588 : et nous remarquerons de suite que presque toutes les dates sont du XVIe siècle. Là sont encore, en grand nombre, des figures qui, pour le temps surtout, supposent, chez leurs auteurs, quelques facultés artistiques. On y remarque d'abord un Christ en croix, nimbé, qui rappelle assez le style bizantin. (Voir *la planche du château de Selles*, fig. 1.) On y voit aussi une madone taillée avec beaucoup d'originalité. (V. même planche, fig. 2.)

Dans les tours sont les dessins que l'on peut attribuer aux prisonniers. Nous ne ferons pas l'énumération fastidieuse de ces innombrables figures, mais nous signalerons, dans la petite salle, une image de sainte Catherine (fig. 3); dans les salles de la grande tour, un temple avec un adorateur; plusieurs Christ en croix avec des Madeleine; un saint Michel terrassant le dragon; un hallebardier; une grande quantité d'écussons (fig. 4, 5 et 6); et notamment une série de petits bas-reliefs rangés en quatre ou cinq bandes, et représentant, par des symboles, toute la passion du Sauveur. Nous comprenons que des visiteurs distraits n'y aient vu qu'une procession sans caractère. Mais en y regardant de plus près, on y retrouve aisément l'histoire des souffrances de l'Homme-Dieu; tantôt sous des emblêmes mystiques, tantôt sous la forme réelle. C'est ainsi qu'une longue suite de personnages portent les divers instruments de la passion tels qu'on était dans l'usage de les représenter au moyen-âge. Plus loin, c'est le tribunal déicide; puis c'est la flagellation; puis le crucifiement. Dans cette lamentable épopée, on ne compte pas moins de 63 figures, parmi lesquelles il se trouve des parties d'une remarquable et gracieuse naïveté. Nous en avons saisi un fragment à travers les mutilations qu'il a subies; sans doute une pensée sublime inspira le prisonnier, lorsqu'il esquissa cet ange qui voltige auprès du grand chandelier. (fig. 7.)

Deux autres figures dont nous n'avons reproduit que les têtes, dans leurs positions respectives (fig. 8), attestent encore un certain sentiment de l'art chez leur auteur. Mais malheureusement les siècles et le marteau ont passé sur tout cela. Peut-être bien, après tout, n'y a-t-il pas grand mal. Peut-être nous-même, après avoir fait le procès à l'imagination des poëtes, avons-nous cédé à un entraînement poétique : peut-être la position des prisonniers est-elle la seule chose digne d'intérêt dans ces œuvres grossières. Mais non !

CHÂTEAU DE SELLES

elles ont encore un mérite... un mérite qu'on ne saurait trop faire ressortir : c'est que, dans cette innombrable série de signes, de figures de toute espèce, il n'y a point un seul trait obscène ; c'est qu'à chaque pas on lit un souvenir de foi ou un signe d'espérance. C'est enfin qu'il est doux de penser que, sous ces épaisses murailles, le soldat portait dans son cœur les seules vraies consolations de l'homme : l'espoir et les croyances. Cela se passait au XVIe siècle.

Sans doute plus d'une histoire est écrite dans les lignes serrées qui courent au travers des emblêmes et des images de ces tapisseries de pierre. Mais la plupart de ces inscriptions sont frustes, et quelques mots à peine sont encore déchiffrables. Deux lignes seules ont bravé le ravage du temps, et, chose étrange! elles sont écrites à la braise, ou avec la fumée d'une lampe agilement promenée sur la voûte de la salle inférieure dans la grande tour. L'une est ainsi conçue : *Isaac..... a chy été trois mois.* L'autre porte ces mots : *Michaël de Hennin cum pascientiâ õia vincit. Oia* est évidemment ici l'abréviation de *omnia*. A côté on lit la date de 1569. Qui eût pensé qu'un peu de poussière ou de fumée conserverait plus fidèlement des souvenirs que les entailles gravées dans la pierre ! Encore une leçon pour l'orgueil humain.

Plusieurs autres dates sont encore assez lisibles sur diverses parties du monument. Elles sont, comme déjà nous l'avons observé, presque toutes du XVIe siècle.

TOUR AUX ARQUETS. — CITADELLE.

Après les souterrains du château de Selles, on ne peut guère remarquer, dans Cambrai, que ceux de la citadelle.

Il suffira de mentionner en passant celui de la *tour aux arquets* (1), qui est une belle salle ogivale construite sous terre, mais au-dessus du principal bras de l'Escaut. Elle contient les vannes au moyen desquelles on forme, en temps de guerre, l'inondation sur les bas terrains qui environnent la ville du côté de l'Ouest.

---

(1) La *tour aux arquets* est ainsi nommée des petites arches pratiquées dans sa base, et sous lesquelles passent les eaux de l'Escaut pour entrer dans Cambrai.

Quant à ceux de la citadelle, ils présentent une particularité qu'il est curieux de remarquer. On sait que la forteresse redoutable bâtie par Charles-Quint, a été restaurée ou plutôt refaite par Vauban. Il paraîtrait qu'il y eut originairement peu de voies souterraines pratiquées dans ce fort; mais Vauban, en donnant plus de développement aux quatre bastions principaux qui en font la défense, a ménagé, entre le pied des vieilles murailles et la doublure épaisse de quelques mètres, qu'il leur donnait, un espace destiné à la circulation; de sorte que l'une des parois de ces longs souterrains n'est que l'ancienne muraille, contre laquelle viennent reposer, à 2 mètres de hauteur, les voûtes nouvelles qui se relient à l'énorme tablier dont on a revêtu les bastions; de sorte encore que, dans ces souterrains, on retrouve, pour ainsi dire, l'ancien périmètre de la citadelle.

Ce qui ne laisse aucun doute à cet égard, ce sont de grands écussons en pierre de taille, qui existaient à l'angle d'un bastion primitif, dit *de Balagny*, et qui sont aujourd'hui enfermés dans le souterrain. Ces écussons, au nombre de cinq, lesquels ont été mutilés, sans doute, à une époque où l'on proscrivait toutes les armoiries, contenaient, suivant les renseignements que nous fournissent l'histoire, les armes de France, celles de Cambrai, et celles de Balagny et de sa femme Rénée d'Amboise (1).

Mais ce ne sont là que de simples conduits comme il s'en trouve dans presque toutes les autres pièces de fortifications de la ville. Ce qu'il y a de plus digne d'étude, c'est une grande substruction d'une hauteur prodigieuse, que l'on n'a retrouvée que depuis quelques années. Le hasard, un éboulement seul, en a donné connaissance. Ceux qui l'ont découverte ont

(1) Non-seulement Balagny avait armé d'écussons les monuments militaires, mais il en fit placer jusqu'au haut du clocher de la métropole. On lit dans un manuscrit appartenant à M. E. Bouly, que, l'an 1585, le 14 de juin, un Suisse nommé le Hardi-Rocq, hallebardier de Balagny, monta au bout du clocher de Notre-Dame et pendit, aux deux bras de la croix, deux feuilles de fer-blanc. Sur la première étaient peintes les armoiries de France, d'un côté; et de l'autre, celles de Cambrai; la seconde portait, d'un côté, les armes de Balagny; de l'autre, celles de sa femme.

cru y voir une espèce de crypte religieuse, on la désigne aujourd'hui sous le nom de *chapelle souterraine*. Elle n'est pas, comme on pourrait le croire, située sous l'ancienne église de St-Géry (1). Elle est pratiquée dans le premier bastion de droite (2). Elle n'a aucun caractère architectural; de massifs travaux de consolidation, faits à une époque qu'on ne peut déterminer, en obstruent une grande partie. Des remblais, des décombres, parmi lesquels sont quelques pierres de taille provenant d'antiques constructions, y couvrent le sol.

En examinant bien cette place souterraine, nous nous sommes formé une opinion sur son origine. Laissant de côté l'usage qu'on en a pu faire, militaire ou religieux, nous ne faisons porter nos observations que sur le mode de construction.

---

(1) Le lecteur ne perdra pas de vue que la citadelle est construite sur l'emplacement de l'antique monastère de St-Géry.

(2) Le bastion n° 2, autrefois de *St-Pierre*.

Or, il est facile de constater que les murailles de cette prétendue chapelle ne sont point perpendiculaires, mais qu'elles s'élèvent en retraite de bas en haut, c'est-à-dire qu'elles ont la pente qu'on donne et que surtout on donnait jadis aux grands revêtements de fortification; d'où il résulte que la distance, d'un côté à l'autre, est plus large dans le haut, à l'endroit où pose la voûte, que sur le sol d'où s'élèvent les murs; ce qui est contraire aux plus simples lois de l'équilibre, puisqu'au lieu de se présenter d'aplomb, ou en contre-forts pour soutenir la poussée des voûtes, les murailles sont déjà écartées et prises, pour ainsi dire, de flanc par le poids énorme qu'elles ont à supporter. Il est donc évident pour nous que ces constructions n'ont pas été originairement destinées à porter des voûtes. Il est probable, au contraire, qu'elles formaient les flancs d'un bastion et d'une courtine; et que sur un endroit rentrant, on aura jeté postérieurement une voûte qu'on aura recouverte de terre et de gazon. D'anciens plans que nous avons sous les yeux semblent corroborer cette hypothèse.

—

Les traditions rapportent qu'il existait jadis un

souterrain qui conduisait de la ville de Cambrai jusque dans le bois de Vaucelles. Cette voie mystérieuse aurait eu pour but d'établir des communications entre la place et la campagne. Mais nul fait historique ne donne d'appui à cette assertion. On voit au contraire que souvent, pour ravitailler Cambrai, ou pour y introduire de la garnison, en temps de siége, il a fallu des efforts, des luttes sanglantes à la face du ciel. Si ce souterrain avait existé on n'aurait pas manqué d'en faire usage.

Cependant le fait de voies de communication souterraines de la ville avec la campagne, a été jadis chose assez accréditée. Carpentier n'a pas hésité à l'accepter. Il dit quelque part, en parlant des travaux exécutés par les Romains, que la ville était embellie de bains, d'aquéducs, *de merveilleux lieux souterrains, conduits presque par tout le pays.* Il faut noter que l'historien ne parle pas ici du *Cambresis*, mais bien de la ville en particulier; ce qui donne clairement à entendre qu'il veut faire partir de la ville ces lieux souterrains conduits vers les divers points du pays. De cela nulle trace ne reste; mais aussi nulle preuve matérielle n'existe à l'encontre.

Le même doute n'existe pas à l'égard de certains souterrains des campagnes, que nous appelons *militaires*, parce qu'au lieu d'être destinés comme ceux dont nous avons déjà parlé, à servir de refuge aux populations, ils n'avaient pour but que d'établir des communications de l'intérieur des forts avec la campagne. Ces souterrains dont il reste encore de nombreux fragments, parlent d'eux-mêmes; on n'est point obligé d'en rechercher l'existence dans des chroniques plus ou moins fabuleuses.

Dans les études, auxquelles l'un de nous s'est livré, sur les châteaux-forts du pays (1), un fait assez frappant a été observé : nous le signalerons ici, et nous hasarderons de soulever à ce sujet une question que nous laisserons volontiers à l'état d'hypothèse, mais à laquelle nous prions les archéologues de prêter quelque attention.

Lorsque l'on jette un coup-d'œil sur la carte du pays, l'on voit que la plupart des anciens châteaux-forts

(1) V. *Soirées de l'abbé Tranchant.*

aujourd'hui subsistants ou détruits, formaient, autour de Cambrai, à environ deux lieues de distance, comme une grande ceinture de forts détachés. Et si l'on étudie sur les lieux et que l'on compare leurs situations respectives, il semble, en vérité, qu'un ingénieur militaire, chargé de protéger la ville et le pays contre l'étranger, n'aurait pas fait un meilleur plan général. Une pareille disposition n'est-elle que le résultat du hasard ; ou bien une grande pensée nationale a-t-elle présidé, dans les divers siècles, à l'érection de ces maisons armées, de ces forteresses qui, si souvent, ont tenu l'ennemi en échec (1)?

Telle serait la question à examiner. Nous savons bien que quelques-uns de ces seigneurs se sont fait la guerre dans la suite des temps et n'avaient pas trop

(1) Une chose digne de remarque, c'est que, de tous les châteaux-forts qui entouraient Cambrai et protégeaient l'antique Cambresis, ceux-là seuls qui regardaient la France ont subsisté. Il n'est point du ressort de notre ouvrage d'examiner la cause de ce fait à l'égard duquel nous aurons à nous expliquer dans un autre ouvrage.

l'air de rien faire de commun accord : mais ils avaient en définitive un intérêt commun à protéger le pays contre l'invasion des troupes étrangères, c'est-à-dire presque toujours contre les Français. Du reste, si l'on a vu souvent un seigneur d'Oisy et autres porter le fer et le feu dans le pays, y construire leurs châteaux comme des repaires de brigandage, il faut remarquer que ces maisons-fortes n'occupaient pas précisément les positions les plus favorables à la défense du pays, et que les forteresses les mieux placées pour cela n'ont pas donné de ces spectacles scandaleux de guerres intestines.

Ceci posé, il y aurait lieu à examiner de même si les souterrains qui partaient de plusieurs de ces châteaux, n'étaient point destinés à les relier entre eux, pour quelques-uns du moins , ou s'ils n'avaient d'autre but que de conduire dans des bois ou dans des carrières du voisinage.

Quoiqu'il en soit du lieu de communication, toujours est-il que l'on rencontre encore de nombreux vestiges de ces souterrains dont étaient pourvus même les plus petits *castelets*. S'il en fallait des preuves, nous

citerions un vieux manuscrit du temps, qui contient ce passage : « En chemin furent prins et ruinez dans le
» Cambresis (1554), deux forts opiniastres à petite
» occasion, dont ils ressentirent la colère des victo-
» rieux. Le premier endura 36 coups de canon et
» ouverture grande et large sans vouloir se rendre ;
» devant lequel fut tué le capitaine Pierre-Longue,
» et 12 soldats, que morts que blessés ; ***toutefois n'y***
» ***fut trouvée âme vivante***, s'estant retirez par ***dessous***
» ***terre, ou cachiez dans quelques cavins et minières.***
» L'autre estoit moins fort, pour que c'estoit un
» meschant poulier de terre en appentiz contre la
» moitié d'une grosse tour, avec ses fossez secs. »

Nous pouvons citer comme vestiges de ces souterrains de communication :

1° Quelques fragments que les souvenirs des vieillards indiquent vaguement parmi les champs qui s'étendent au-delà du ***faubourg de St-Druon*** du côté de ***Niergnies***. Mais il n'en reste plus de traces visibles.

2° Une partie voûtée, dans les dépendances de l'ancien château de *Cantaing*, et qui rejoignait, sans doute, le souterrain de guerre dont nous avons parlé ci-dessus à l'article de Cantaing.

3° Une portion de voie souterraine assez remarquable, à *Marcoing*. Ce défilé dont nous avons parlé ci-dessus à cause des chambres qui s'y trouvent, presqu'à l'entrée, part de l'église et se divise, à quelques mètres de là, en deux branches dont l'une prend direction vers le Nord, l'autre vers le Sud-Ouest. Les légendes populaires disent que le défilé du Nord avait communication avec le château de Cantaing, et celui du Sud avec *Wiercourt*, ancien village dont il ne reste plus de traces visibles, mais dont tous les habitants du pays montrent la place avec ce respect qui s'attache aux grandes ruines (1). Ces rapports tradi-

(1) Wiercourt ou Wahiercourt était situé au Nord-Est de Ribecourt, à peu près entre ce dernier village et Marcoing. Des fouilles faites en 1818 sur l'emplacement de ce lieu détruit, ont mis à découvert de grandes pierres taillées, provenant de quelque monument. Le sol y est encore semé de débris de tuiles. Enfin la charrue y met quelquefois à découvert des restes de fondations, témoins irrécusables des constructions qui formaient le village.

tionnels sont-ils exacts ? Nous ne saurions l'affirmer. Ce que nous pouvons dire c'est qu'ils sont très vraisemblables. Car, d'une part, on retrouve à une grande distance de l'église de Marcoing (près de laquelle est aujourd'hui l'entrée du souterrain), dans une ferme nommée *Prémy,* un large puits à eau dans lequel il existe une galerie souterraine. Tout porte à croire que cette galerie fait partie de l'embranchement qui se dirige vers Cantaing. D'autre part et dans un sens opposé, on retrouve aussi, vers l'extrémité du village, des indices de voie souterraine.

Nous ne quitterons pas Marcoing sans citer encore un autre souterrain dont l'existence a été ignorée jusqu'en 1845 ; il faisait, à n'en pas douter, partie de l'ancien château-fort du lieu.

« Sur la rive gauche de l'*Eauette* ou Escauette, petite rivière qui passe dans Marcoing, et va se jeter dans l'Escaut : à l'endroit même où la grand'route qui menait jadis en France par Péronne traversait cette rivière que l'on passait à gué (1), l'on a trouvé, il y a

(1) « Des remblais considérables ont été rapportés récem-

quelques années, des vestiges de fondations énormes : il est évident que ces fondations ont été celles d'un bâtiment bien autrement grand et solide que les chaumières et les fermes qui forment, et surtout qui formaient jadis le village de Marcoing. A vingt pas de cet endroit, on a rencontré, à quinze pieds de profondeur, un souterrain voûté, dans la maçonnerie duquel se trouvaient des crampons en fer. Ce souterrain, dont la direction est parallèle à l'ancien chemin, s'étendait d'un côté vers les fondations dont il vient d'être parlé et de l'autre vers l'église auprès de laquelle on voit encore les débris de voies souterraines. » (1)

4° Les voûtes souterraines du château de *Crèvecœur*. On lit à ce propos dans Carpentier, partie IIIe, page 454 :

« J'y ai remarqué, dans ses *voûtes souterraines*, les

---

ment pour élever un pont au-dessus de l'Eauette. On a même fait faire, en cet endroit, un détour à la route qui jadis était directe. »

(1) *Soirées de l'abbé Tranchant.*

» armes des anciens Gaulois, qui représentoient *trois* » *crapeaux* et *des bourses*, et de plus fraîche date, » les armes de France et de Navarre. »

5° Les excavations qui subsistent sous les ruines du château d'*Elincourt*. Ce château, environné, ainsi que le village, de bois immenses, était défendu par de fortes tours, par d'épaisses murailles et de larges fossés. Il lui était trop facile d'avoir une issue secrète dans les bois, pour qu'on puisse supposer qu'une pareille ressource ait été négligée.

Néanmoins les substructions que l'on connaît ne vont pas au-delà de la circonscription du château. C'est d'abord un escalier voûté en plein cintre, construit en briques à l'entrée, et plus loin en pierres blanches. Les marches en ont été détruites et leurs décombres rendent difficile l'accès du souterrain. Cette descente a environ 17 mètres de longueur, après quoi l'on se trouve dans une belle galerie en pierres et voûtée en plein cintre. On rencontre alors, de chaque côté, un groupe transversal de quatre petites chambres ou cellules bien conditionnées: plus loin, sont encore deux chambres suivies de deux autres, après quoi l'on atteint le fond du souterrain qui présente, à partir du pied de l'escalier, 12 mètres de développement. Sa direction est du Sud au Nord.

Au fond, à droite, est un autre escalier en plein cintre et à redans, qui tourne brusquement à gauche, c'est-à-dire dans la même direction que celle du souterrain. Il est possible que cette construction, qui est tout en pierre blanche, ait conduit dans l'intérieur des bâtiments du château. Les traditions lui assignent une autre issue. On affirme qu'elle communiquait à de plus grands défilés conduisant dans les bois. Il semblerait, au premier coup-d'œil, que cette assertion soit erronée : à quoi bon monter, dira-t-on, pour redescendre ensuite? Car, en effet, il était nécessaire de descendre pour passer sous les fossés du château. L'objection est spécieuse, mais n'est point dirimante. Les ruses de guerre et l'originalité des antiques constructions suffisent pour concilier ces espèces de contradictions.

Malgré son exiguité, le souterrain du château-fort d'Elincourt a servi de refuge à la population du village, pendant les guerres de la République qui amenèrent des partis d'Autrichiens jusque dans ces lieux écartés.

Nous ajouterons, pour terminer ce chapitre, que, dans différentes localités, des souvenirs douteux, des rapports de vieillards, font mention, sans pouvoir rien préciser, de fragments de voûtes découverts, ça et là, par le soc de la charrue. Nous ne consignons point ici ces vagues allégations, parce qu'elles n'ont point à nos yeux assez d'exactitude. Néanmoins on en peut conclure que le Cambresis était assez généralement sillonné par des voies mystérieuses de communication.

AQUEDUCS SOUTERRAINS.

Ici notre travail pourrait être considéré comme terminé; mais, voulant le rendre aussi complet que possible, nous avons jugé convenable d'y ajouter quelques études sur des cours d'eau, des aquéducs souterrains dont on retrouve des traces et même des parties encore en usage aujourd'hui.

Ce complément aura peut-être sa valeur dans l'examen de certaines questions archéologiques. Nous avons émis, au commencement de ce livre, notre opinion touchant les preuves et les conjectures que l'on peut tirer des carrières, pour fixer les limites de l'ancienne cité de Cambrai. Nous ne voulons rien déterminer à cet égard; mais nous pensons que les aquéducs dont il va être parlé devraient être soigneusement pris en considération dans la solution d'un pareil problème.

En effet, sans vouloir assigner aucune date à ces constructions évidemment très anciennes, nous ne saurions oublier ce que dit Carpentier des aquéducs construits dans Cambrai par les Romains.

A ce propos, il est à remarquer que le reproche d'infidélité historique que l'on adresse à Carpentier, ne doit sans doute pas être aussi généralisé qu'on le fait d'ordinaire. Il nous parle de carrières dans la ville, et ces carrières existent. Il nous parle de souterrains conduits dans la campagne, et l'on retrouve des fragments de souterrains. Il nous parle d'aquéducs, et l'on découvre de temps à autre des parties d'aquéducs servant encore à l'alimentation de différents puits. Il est vrai qu'en même temps il indique l'existence d'un amphithéâtre et de bains publics, et que ces monuments n'existent pas. Mais qu'y a-t-il d'étonnant à cela? La ville, à la surface, a été remuée de fond en comble; un grand nombre d'édifices ont disparu; mais sous le sol tout se retrouve, ruiné, il est vrai, ou altéré par les siècles, mais du moins en état suffisant pour qu'on n'en puisse nier l'existence. Néanmoins le vieil historien de Cambrai s'aventure sans doute beaucoup en attribuant aux Romains toutes ces constructions dont il ignore la date.

Si cependant il était certain, chose que nous n'avons pu vérifier, que ce fut bien de nos aquéducs que Carpentier a voulu parler, et que ces conduits d'eau fussent l'œuvre des Romains, la place qu'ils occupent dans la cité serait de nature à modifier les inductions que l'on a tirées jusqu'à présent de différentes circonstances, relativement à l'emplacement du noyeau primitif de Cambrai. Nous nous contentons de placer ici cette remarque, et nous allons signaler les découvertes diverses qui ont été faites de certaines portions d'aquéducs.

Le fragment le plus remarquable est celui que l'on rencontre dans un puits de la rue de Vaucelette, appartenant à la maison n° 1, laquelle a maintenant son entrée sur la place de Ste-Croix. Ce fragment, considéré par rapport au puits, est un long conduit venant du Midi dans la direction de la rue, et allant se perdre au Nord, sous la place de Ste-Croix. Un embranchement s'y réunit à angle droit et se dirige vers l'Orient, c'est-à-dire dans le sens de la rue des Chanoines. Toute cette portion d'aquéduc est régulièrement taillée dans le roc, en forme de voûte cintrée. Son élévation est d'environ 2 mètres 50 centimètres, sa largeur d'à-peu-près 1 mètre 20 centimètres. L'eau y a 70 centimètres d'élévation, mais probablement ce niveau est variable. Quant à la direction du courant, il serait difficile de la déterminer, tant est immobile cette eau qui cependant se renouvelle.

On n'a jamais poussé d'exploration au-delà de quelques pas à partir du puits; mais en rapprochant les dires des ouvriers puisatiers; de ce que nous avons vu par nous-mêmes, nous serions tentés de croire que cet aquéduc a des communications avec celui que nous avons remarqué dans la cave du n° 7, rue des Chanoines. Dans ce cas, l'eau coulerait d'Est en Ouest et se répartirait ensuite dans toute la longueur de l'aquéduc.

Nous avons dit que l'aquéduc de la rue de Vaucelette passe sous la place de Ste-Croix : nous avons toute raison de croire qu'il va jusque sous la place de l'ancienne église de *Notre-Dame*, où l'on en a retrouvé des traces dont nous parlerons plus loin. Mais auparavant nous devons mentionner un souterrain, maintenant inabordable et recouvert par des constructions modernes, lequel fut découvert à l'époque où l'on posa les fondements de ces constructions. Il existe sous la cour de la maison n° 8, rue des Chanoines, et se dirige sous la place de Ste-Croix, comme pour aller rejoindre l'aquéduc en question. Un ouvrier qui l'explora, à l'époque qui vient d'être indiquée, rencontra, dans le défilé, une épaisse porte en bois, fermée de verroux et qu'il ne put ébranler. Il ne serait point impossible que cette porte eût donné accès sur l'aquéduc. Il est à regretter que le fait ne puisse plus être vérifié.

En creusant également des fondations pour des murailles accessoires à la maison située entre la rue Vanderburch et la salle de spectacle, les ouvriers obligés de conduire très profondément l'excavation, ont mis a découvert, il y a environ 50 ans, l'orifice d'un canal souterrain. Ils voulurent l'explorer, et dans une nacelle improvisée, ils suivirent le cours d'eau jusqu'à un point qu'ils supposèrent être le milieu de l'emplacement de l'ancienne métropole. Là le cours d'eau prenait de plus vastes dimensions. Les ouvriers n'osèrent point s'y aventurer, et bornèrent à cela leur voyage souterrain (1). Il leur avait été néanmoins facile de déterminer la direction de l'aquéduc; or cette direction est la même que celle du cours d'eau de la rue de Vaucelette. Il est donc probable que le fragment qui existe sous la place de Notre-Dame n'est autre que la continuation de celui dont nous avons parlé d'abord.

C'est ici le cas de mentionner un puits que l'on a rencontré en faisant des mouvements de terre sur la *place de Notre-Dame*. Au fond de ce puits, qui est placé vers la partie Ouest de la place, il existe un petit aquéduc destiné, selon toute apparence, à l'alimenter d'eau. Cet aquéduc, prenant sa direction à l'Est, met très probablement en communication le puits avec le grand cours d'eau qui doit passer à peu de distance de là.

(1) C'est sans doute la connaissance de ces eaux souterraines qui aura donné lieu, dans les temps passés, à la tradition d'un *lac* sous la métropole.

Que si l'on demande ce que devient alors le cours d'eau, peut-être pourrions-nous encore en indiquer plus loin la trace. Car nous avons déjà parlé d'un canal auquel l'on parvient par le puits de la machine à vapeur située rue Ste Agnès, n° 7. Ce canal, qui reçoit une énorme quantité d'eau déversée par la machine (1), était déjà abondamment pourvu avant l'érection de l'usine. Ce n'est donc point un souterrain transformé récemment en voie d'écoulement, mais bien un véritable aquéduc découvert par hasard et que l'architecte a utilisé. Il a été facile d'en suivre la marche jusqu'à une certaine distance. Il se dirige du N.-E. au S.-O. Il a communication avec les puits des maisons de la même rue portant les n°s 9, 11 et 17. Enfin il prend son cours un peu plus vers le Sud, dans la direction de la place de Notre-Dame.

Tout ne porte-t-il pas à penser qu'il rejoint, sous cette place, le cours d'eau que nous y avons laissé tout à l'heure? Mais s'il en est ainsi, il faut remarquer que le puits de la rue de Vaucelette avec lequel se relie-

(1) 3,600 hectolitres par jour.

raient ces communications souterraines, ne se trouve jamais altéré par les eaux chaudes de l'usine; et par conséquent, il en faut conclure que des voies inconnues d'écoulement emporteraient ces eaux dans une autre direction.

Dans le dernier fragment d'aquéduc qui vient d'être mentionné, on ne s'est point contenté d'un conduit taillé dans le roc. En plusieurs endroits, des voûtes en pierre blanche, des parois en grès jusqu'à la hauteur du niveau d'eau; un fond garni de belles dalles également en grès, prouvent le soin particulier que l'architecte a apporté dans cette substruction. Nous invitons le lecteur, pour compléter les documents que nous donnons ici, à se reporter plus haut à la page 89.

Tels sont les résultats de nos recherches relativement aux aquéducs souterrains. D'autres faits nous ont été signalés, mais ne nous ont point paru assez certains pour être relatés ici. Il résulterait donc, en résumé, de nos hypothèses, si elles se vérifiaient, qu'un long canal souterrain parallèle à l'Escaut et recevant des affluents de la partie supérieure de la colline cambresienne, aurait été pratiqué, aux temps anciens, dans un but qui nous échappe aujourd'hui.

Ajoutons que l'eau y serait saine, limpide, abondante, et pourrait sans doute être utilisée.

Nous passons sous silence certains petits aquéducs faits à des époques plus rapprochées et destinés à relier ensemble les différents bras de l'Escaut qui traversent la ville.

CONCLUSION.

Nous avons terminé notre travail; nous avons parcouru ce champ vaste d'études où nul ne nous avait précédés : nous l'avons parcouru avec ardeur, mais pas toujours sans hésitation. Le lecteur aura remarqué que souvent, au lieu de solutions, nous avons publié des doutes. C'est qu'en effet, pour nous, bien des choses sont restées obscures. Dans les découvertes historiques, comme dans les découvertes de l'esprit, l'homme ne procède que par degrés. Il est rarement donné au même homme de commencer l'édifice et de l'achever. L'un jette les fondations, l'autre érige le faîte. Quant à nous, nous croyons avoir bien rempli notre tâche, du moins pour le moment. Notre défiance dans plus d'un cas doit être une garantie de nos sentiments consciencieux. Il est facile, quand on le veut, et surtout flatteur pour l'amour-propre de trancher les difficultés et de les résoudre comme en dernier ressort. Nous n'avons point eu cette présomption ; nous avons voulu, avant tout, être vrais et prudents. L'attention que le public sérieux a bien voulu donner à la publication périodique de notre travail, suffit, et au-delà, à nos espérances, et nous récompense selon nos désirs. C'est un devoir pour nous de lui en témoigner toute notre reconnaissance. Nous ne saurions trop remercier aussi nos concitoyens de l'accueil empressé qu'ils ont bien voulu nous faire chez eux, et du zèle avec lequel ils nous ont facilité l'entrée de leurs carrières, et les explorations que nous avions à y faire, en nous permettant quelquefois de percer des murailles, de rompre des voûtes, etc.

Mais nous devons surtout un tribut de reconnaissance à plusieurs jeunes gens de cœur, dont le zèle nous a puissamment secondés dans nos excursions. MM. Edouard Leroy, peintre ;

Meurand, architecte; Lecarron, sculpteur, et Victor Delattre, ont pris une part active à ces études, et souvent ont fait preuve d'une intrépidité qu'on ne peut apprécier qu'à l'aspect des lieux souterrains que nous avons explorés Nous n'avons pu, sous peine d'être ingrats, taire les services qu'ils nous ont rendus, services de telle nature qu'ils nous ont applani les voies, dans les parties les plus difficiles de notre œuvre.

Puisse ce livre servir de base à de nouvelles études. Le chemin est ouvert, les reconnaissances sont faites; et ceux qui viendront maintenant auront du moins un guide qui n'existait pas pour nous. Nous ne voulons point du reste demeurer à l'avenir inactifs. Un jour, sans doute, nous publierons un supplément *aux Souterrains de Cambrai et du Cambresis*.

E. Bouly. — A. Bruyelle.

TABLE.

existent sous la Grand Place à Cambrai

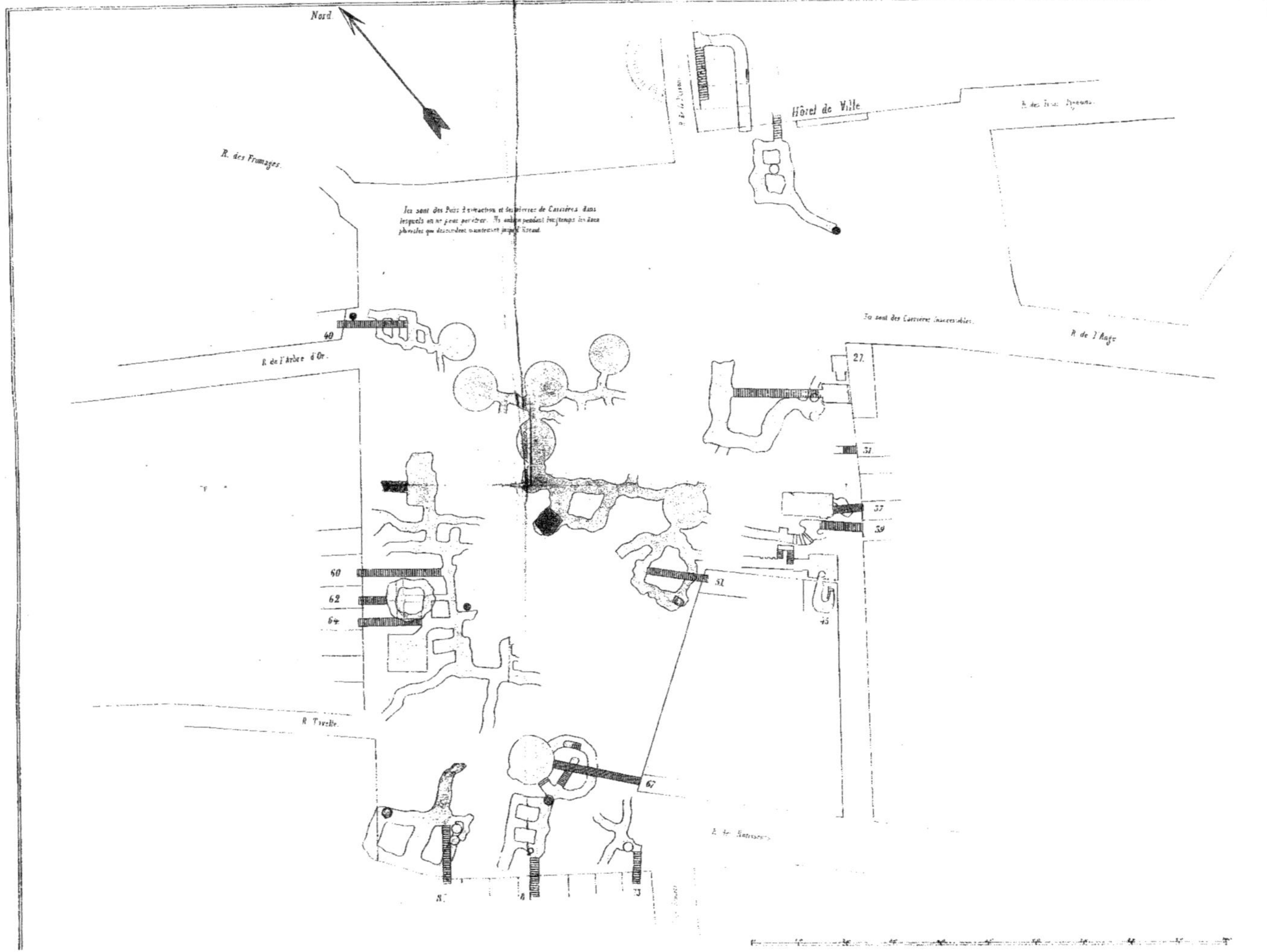

www.ingramcontent.com/pod-product-compliance
Ingram Content Group UK Ltd.
Pitfield, Milton Keynes, MK11 3LW, UK
UKHW031844260826
14628UKWH00002B/584

9 782013 460620